# A DIFERENÇA SEXUAL

## Gênero e psicanálise

Mariano Daquino
(Organizador)

# A DIFERENÇA SEXUAL
## *Gênero e psicanálise*

1ª edição
São Paulo / 2017

Agente Publicações

Título original: *La diferencia sexual: Gênero y psicoanalisis*
Letra Viva, Buenos Aires : 2016, Argentina
www.imagoagenda.com

Tradução: *Maria Claudia Formigoni*
Revisão técnica e adaptações para a edição brasileira:
*Fernanda Zacharewicz* e *Maria Claudia Formigoni*
Produção editorial: *Antonieta Canelas*
*Capa: Niky Venâncio*
*Aquarela: Bia Serena Zacharewicz Frasseto*

**Dados Internacionais de Catalogação na Publicação (CIP)**
**(Câmara Brasileira do Livro, SP, Brasil)**

A Diferença sexual : gênero e psicanálise / Mariano Daquino, (organizador); [tradução Maria Claudia Formigoni]. -- 1. ed. -- São Paulo : Agente Publicações, 2017. -- (Série discursos psicanalíticos ; 2)

Vários autores.
Título original: La diferencia sexual : gênero y psicoanalisis.
Bibliografia
ISBN: 978-85-5809-002-5

1. Identidade de gênero 2. Lacan, Jacques, 1901-1981 3. Psicanálise 4. Sexo - Diferenças
I. Daquino, Mariano. II. Formigoni, Maria Claudia. III. Série.

17-06645 CDD-155.3

**Índices para catálogo sistemático:**
1. Psicanálise e sexualidade 155.3


**Agente Publicações**
Rua do Radium 166
04637-050 São Paulo - SP
Tel.: (11) 98266.2831
agentepublicações@gmail.com
facebook: Agente Publicações

*.... o que resta de insondável na diferença sexual.*
*[...] Enquanto tal, a oposição masculino-feminino*
*jamais é atingida.*

JACQUES LACAN
20.05.1964

**Nota do editor**

Quando decidimos, juntamente com Mariano Daquino, disponibilizar a obra *La diferencia sexual: género y psicoanálisis* no Brasil, pensamos que seria interessante convidar mais psicanalistas brasileiros para escrever sobre o tema. Assim, *A diferença sexual: gênero e psicanálise* conta também com os textos de Christian Dunker, Sandra Berta e Sônia Alberti. Por motivos editoriais, um dos textos que integram a compilação argentina não está presente nesta edição.

# Sumário

# Apresentação à edição brasileira

Com grande alegria escrevo esta apresentação à versão brasileira de *La diferencia sexual. Género y psicoanálisis*. Essa publicação veio à luz em novembro de 2016, em Buenos Aires, e, agora, quase um ano depois, é lançada em português no II Simpósio Interamericano da Internacional dos Fóruns do Campo Lacaniano – Sexuação & Identidades –, no Rio de Janeiro.

Durante esse ano, os diferentes Fóruns da América trabalharam e pesquisaram sobre a questão dos sexos, dos gêneros, das identidades, da sexuação e das distintas problemáticas que podem surgir em torno de tais questões: as orientações sexuais e a concomitante escolha de objeto, as identidades gênero/sexuais, a autorização na posição sexuada, a partilha dos sexos, os modos e condições de amor e, por fim, o desejo e o gozo de acordo com as diferentes estruturas clínicas. Como é possível extrair da leitura, aquilo em questão gira em torno da diferença sexual que, ao mesmo tempo em que não recusa sua raiz biológica *nos-corpos (en-corps)*, a excede *mais, ainda*.



Durante muitos anos, nós, analistas, deixamos que os teóricos de gênero, os teóricos *queers*, os filósofos, os antropólogos e os sociólogos trabalhassem a problemática da diferença "de" e "entre" os sexos. As questões de sexo e gênero ganharam terreno no campo dessas disciplinas coletivizando-se de modo tal nos discursos que a vertente singular parece ter sido silenciada ou ignorada. Podemos facilmente confundir o coletivo com o apagamento das diferenças entre os seres falantes, diferenças que, como assinalamos, tocam e concernem aos sexos, aos gêneros, aos semblantes e à particularidade de cada gozo em cada falasser.

É função do analista recuperar o singular no coletivo, sem desconsiderar o mal-estar na civilização e nos laços sociais. Devemos levar em conta as novas figuras do mal-estar na cultura – a violência contra mulher e o feminicídio, a segregação e a discriminação das minorias sociais e sexuais com seus correlatos identitários (o Brasil, por exemplo, é um dos países com maior índice de assassinato de travestis e transexuais) – e promover o respeito pela diferença que marca a posição desejante ética e singular.

Contamos com os quatro discursos, propostos por Jacques Lacan, para fazer leituras e abordagens dos laços sociais, sem, contudo, perder as coordenadas da clínica particular. A psicanálise em extensão, hoje, convida a pensar sobre as novas maneiras de habitar a diferença entre os sexos e também sobre suas consequências: novas presenças da sexualidade, novas modalidades familiares (famílias homo e monoparentais), identidades sexo-genéricas dissidentes, não hegemônicas e, consequentemente, novas apresentações dos sintomas e do padecimento subjetivo.



O presente livro, à diferença da edição argentina, foi enriquecido com contribuições de colegas de alguns Fóruns do Brasil. Com seus artigos e contribuições, esses psicanalistas somaram-se aos que já haviam participado do livro para refletir acerca das questões que trazem em seu cerne a *diferença sexual*. Meus agradecimentos a Sonia Alberti, Sandra Leticia Berta e Christian Dunker por sua generosa participação. Meu especial reconhecimento e apreço a Maria Claudia Formigoni, que traduziu os textos do espanhol ao português. Também agradeço de modo especial a Fernanda Zacharewicz, que trabalhou na edição do presente livro para a *Agente publicações*.

*Mariano Daquino*
Buenos Aires, junho de 2017

# Apresentação à edição argentina

Decidimos dedicar uma publicação de nosso Fórum à questão do gênero, às identidades e à sexuação. Sem dúvida, existem publicações psicanalíticas antecedentes a esse respeito. Não obstante, pretendemos abrir nossa agenda epistêmica à temática, já que consideramos necessário atender às diferentes implicações dessa problemática em nossa época: o incremento de feminicídios, crimes de ódio (contra lésbicas, gays, travestis e transexuais), a violência segregativa e discriminatória, apenas para citar alguns exemplos que, indubitavelmente, não fazem mais do que acentuar o viés de Tânatos que porta esse tema. Apesar disso, vivenciamos um momento em que se tornou possível, em vários países, o casamento igualitário, as novas configurações familiares – como as famílias homoparentais – e a lei de identidade de gênero, presentificando, nessas novas modalidades de regulação do gozo, a participação de Eros.

O propósito desta apresentação é abrir o debate sobre o assunto e situar aquilo que tende à segregação, diferenciando-o daquilo que se orienta em direção à consolidação de outros laços amorosos e sociais. Trata-se de manifestações que não são meros fatos sociológicos e políticos aos quais a psicanálise não deveria prestar atenção. Essas problemáticas, que trazem em seu bojo a questão do gênero, estão cada vez mais presentes em nossa prática clínica, ganhando relevante valor na subjetividade da época – tanto nos sintomas quanto nos laços sociais, que excedem os limites do campo freudiano e, por isso, é preciso dar um passo mais além das cartografias que delimitam nossos divãs.

Assim sendo, esta publicação constitui-se em uma ferramenta que busca trazer à tona essas problemáticas de gênero que nos convocam enquanto praticantes da psicanálise e, ao mesmo tempo, propor o discurso analítico como um modo de tratamento do real em jogo nessas apresentações atuais. Não se trata absolutamente de que os textos aqui presentes unifiquem suas perspectivas. Essa homogeneidade de pensamento único é alheia à diferença. Não obstante, contamos com o viés particular que distingue nossa comunidade analítica, viés que se define no Campo Lacaniano – proposto por Jacques Lacan em *O avesso da psicanálise*. Do que se trata aí é de circunscrever os efeitos da linguagem no inconsciente de cada ser falante, bem como interrogar os efeitos da linguagem nos laços sociais, no âmbito dos discursos – apresentados como modos de regulação do gozo –, levando a psicanálise mais além dos limites de nossos consultórios. Orientamo-nos por uma ética e política particulares, determinadas pela Internacional dos Fóruns do Campo Lacaniano, comunidade que, no que se refere à sua posição sobre algumas problemáticas aqui expostas, afirma:



> Efetivamente, a Psicanálise não defende nenhuma norma, seja ela social ou sexual, nem tampouco qualquer prática dita fora da norma. Ela considera que não podemos nos pronunciar a favor de uma forma de organização familiar sob pretexto de que essa seria superior a outra, nem contra uma orientação sexual de nenhum tipo. A norma, e, portanto, dita normalidade, não é um critério que orienta a cura analítica, a qual acolhe sem um a priori qualquer sujeito que a solicita com o objetivo de encontrar uma solução a seu sofrimento, elucidando o tormento de seus sintomas[1].

Aproveito para agradecer aos colegas do *Foro Analítico del Río de la Plata* (FARP); à área de publicações coordenada por Luciano Lutereau; a Pablo Peusner, atual coordenador do Fórum, que não só apoiou esta publicação, mas também contribuiu revisando e traduzindo alguns textos. Agradeço também a Dominique Kahanoff e Matías Laje, que também colaboraram com tarefas de tradução. Por fim, agradeço a cada um dos autores convocados por sua aposta nesta publicação.

*Mariano Daquino*

# Escolha do gênero e escolha do sexo

Gabriel Lombardi

*É somente no sexual que a síntese aparece como contradição*

Kierkegaard[1]

A religião, a filosofia, a ciência e a teoria sociológica dos gêneros revelam uma surpreendente convergência em um ponto preciso: a recusa da abordagem lógica do sexo.

A *religião monoteísta* suprimiu o sexo das considerações teológicas, o laço entre o filho e o pai não concerne à mulher. Essa foi substituída por um Espírito denominado "Santo", como se pode constatar no tratado agostiniano sobre o laço filho-pai, *De trinitate*. A *filosofia* não leva em consideração a diferença entre os sexos. Inclusive filósofos de formação lacaniana a escamoteiam, reduzindo a abordagem lógica de Freud e de Lacan a uma ontologia precária, compatível com a fantasia no menino. Žižek, por exemplo, reduz a mulher a um parecer que implica um vazio e que quer ser amada por aquilo que não é, em oposição ao homem que seria alguém que quer ser amado por aquilo que é[2].

Temos também as *teorias de gênero* de Judith Butler e Eve Kosofsky cujo extraordinário auge nas últimas décadas sintetiza, propriamente falando, a resposta dos outros discursos à conclusão lacaniana de que não há relação sexual que possa ser inscrita na estrutura. Com efeito, tudo que, nas últimas décadas, outros discursos produziram – o da sociologia, o universitário, o discurso médico e, inclusive, o discurso histérico contestatório do fim do século ou do novo milênio – vai no sentido de tamponar essa descoberta mediante considerações lexicais, morais e políticas que camuflam o impasse sexual em que Freud e Lacan situam tanto o mal estar da civilização quanto as possibilidades sublimatórias que a linguagem abre ao ser falante.

Essa reação massiva se produz, obviamente, no âmbito da escalada do discurso do capitalismo neoliberal que recusa a castração, oferecendo a solução para todos os problemas – ao menos para quem tenha dinheiro suficiente para pagar por elas, conforme dizia Turing. Essas soluções, é claro, não são analíticas, e sim identificatórias, ideológicas, morais, legislativas, cirúrgicas, farmacológicas, entre outras.

O discurso sobre o gênero também está a serviço do empuxo-a-gozar do capitalismo que incita tanto ao que Colette Soler denominou *narcinismo* quanto ao que Freud e Lacan chamaram *perversão*, agora globalmente permitida. Efetivamente, quase todas as condutas que em outras épocas eram consideradas perversões foram desmedicalizadas e admitidas no âmbito legal dos estados ocidentais. Por isso, o mal estar relativo ao sexo ganha forma de sintoma social que, em defesa paradoxal dos direitos a uma nova normatividade, nutre sob a forma de *feed-back* o discurso do capitalismo – as cirurgias, os tratamentos hormonais, farmacológicos e "cosméticos", bem como suas políticas de venda que reagrupam os consumidores nas redes sociais virtuais, compatíveis com o anonimato.

O *Facebook*, por exemplo, anunciou que permitirá que seus usuários, nos Estados Unidos, Inglaterra, Espanha e também na Argentina, escolham seu gênero. A partir de agora, para personalizar o perfil já não haverá duas opções como antes (homem/mulher), mas cinquenta e quatro, dentre as quais "traveco", "sapata", "viado", "transgênero", "poliamoroso", "gay", "andrógeno", "cysexual", "pansexual homem" e "pansexual mulher". Essas expressões, outrora injuriosas, são, hoje em dia, os termos escolhidos como particulares identitários.

Essa lista surgiu a partir de um consenso entre *Facebook*-Argentina e os dois órgãos que trabalham pela "diversidade sexual" no país, a CHA (*Comunidad Homosexual Argentina*) e a FALGBT (*Federación Argentina de Lesbianas, Gays, Bisexuales y Trans*), os quais se apresentam da seguinte forma: "é uma rede de organizações que trabalhamos em todo o país pela igualdade plena para o coletivo da diversidade sexual". Passa-se, assim, da terceira pessoa – "é uma rede" – à primeira de um plural bastante particular – "trabalhamos".



O *CEO* do *Facebook*, cujo patrimônio acionário alcançou nível recorde que levou a Sociedade ao valor de quase 200 milhões de dólares, nega categoricamente que essa nova ferramenta seja uma eficiente plataforma de publicidade seletiva. Ele diz que, na verdade, está ligada a seu compromisso de "conectar as pessoas com suas verdadeiras identidades" – identidades digitalizadas. O sonho de Turing realizado!

Não obstante, há duas condutas quanto ao sexo que permanecem ainda proibidas para a maioria dos discursos. Trata-se de dois casos sobre os quais a psicanálise também tem algo a dizer: a *pedofilia*, quanto ataque às condições mínimas de uma subjetivação digna, e a *não-coincidência entre os dados identitários concernentes ao sexo e ao juízo íntimo de quem os porta* – de quem os porta e não os suporta. No *DSM 5*, inclusive, há um capítulo inteiro dedicado aos *Gender dysphoria* em crianças, adolescentes e também adultos, disforia considerada patológica se, e somente se, persiste ao menos por seis meses.

O aforismo lacaninano "não há relação sexual" produz reações adversas e também mal-entendidos entre os próprios analistas lacanianos. Acredita-se, por exemplo, poder reduzir a escolha do sexo a três etapas "lógicas, não cronológicas". Quando os *psicanalistas* falam assim é, para mim, o índice certo de que estão em vias de introduzir uma temporalidade reversível e, portanto, imaginária. Aquilo que caracteriza o tempo real, o real do tempo, é, ao contrário, sua irreversibilidade.



Geneviève Morel, por exemplo, ordena a sexuação nos seguintes tempos:

1) A constatação do sexo anatômico;
2) O discurso sexual do Outro que opõe o sexo anatômico àquele que é percebido e, inclusive, determinado pelo entorno;
3) O verdadeiro processo da sexuação que daria esperanças aos analisantes homens que querem se beneficiar do *não-todo* como efeito da análise.

Nesse tipo de elaboração, não há somente concessões a Cronos que não dependem da lógica, mas também desconhecimento de coordenadas freudianas insuperáveis: as da entrada de uma menina nas questões do sexo. A anatomia é determinante e a diferença não é pequena. De uma só vez, ela viu, compreendeu, julgou e decidiu. "Ela o viu, sabe que não o tem e quer tê-lo"[3], resume Freud em seu texto *Algumas consequências psíquicas da distinção anatômica entre os sexos*. Isso não se reduz a uma questão de anatomia imaginária ou natural. O corte em questão é outro, o de uma captura precoce da posição em relação ao falo como consequência – mais do que o da ex-sistência do pai – da castração linguageira.

Essa posição diferencial quanto ao órgão, advindo *órganon* pelos efeitos do discurso já presente na infância, tem como consequência que o acesso ao Édipo e à castração, no caso da menina, coincidam. Não há para ela, dessa forma, o tempo intermediário da perversão – ou *père-version* – que caracteriza a defasagem entre a entrada e a saída do Édipo no menino – saída que, se há, no caso de uma neurose, produz-se por identificação a traços ideais ou imperfeitos, sintomáticos, do pai.



O "não ter", aposta anatômica da linguagem (*l'engage*, em francês), protege a menina de outro corte, denominado *fisiológico*, ou seja, o corte da lógica daquilo que se manifesta, que é o simbolicamente real no humano. Refiro-me ao *orgasmo do homem* que, "dentre todas as angústias, é a única que realmente acaba"[4], explica Lacan, em seu seminário *A angústia*, na aula de 15 de maio de 1963. Acaba ao realizar a castração simbólica, deixando fora de jogo o instrumento do gozo no momento preciso do acesso ao gozo. Como consequência, esse gozo fica, para o homem, fora-do-corpo.

Como sempre, aqui também a confusão surge no lugar da relação sexual que não há. A clínica nos diz, já desde Freud, que um orgasmo muito prolongado pode ser angustiante para o homem, bem como um orgasmo prematuro. Um orgasmo justo, que satisfaz no tempo preciso do homem, produz esse corte que lhe dá uma resolução transitória, mas... o tempo de uma mulher não necessariamente coincide com de seu *partenaire*, seja porque os tempos requeridos à satisfação não são os mesmos para ela, seja porque a temporalidade "coiterativa" do homem o obriga, em média, a uma frequência maior do que a sua parceira feminina. Não há relação sexual temporalmente garantida, compassada, rítmica, como sugeriu tão bem Martin Amis em seu texto *Quero calcular quantas vezes*[5].

Assim sendo, a anatomia em questão não é somente imaginária e nem de autópsia, mas supõe uma irreversibilidade das escolhas e uma fisiologia tais que implicam uma heteridade definitiva. É por isso que:

- Há, no homem, outra lógica do corte que se constata, mais tardar, na juventude, quando o uso do órgão castra o acesso ao gozo do corpo-Outro.
- O *não-todo* suposto no macho é sempre suspeito de perversão/*père-version*, ou seja, de uma forma de desdobramento fictícia e enquadrada na lógica fálica.
- Em uma mulher, por sua vez, o que sempre é suspeito é a frigidez.

- Tudo isso deixa poucas esperanças ao giro *trans* analiticamente orientado, salvo que o analista não desconheça que a liberdade de escolher uma mudança de sexo está reservada à psicose.
- As elucubrações divididas sobre o *não-todo* elidem, então, a vocação prematura que cada um experimenta por seu sexo[6].

O sentido comum foi alterado a partir da descoberta freudiana, trazendo consequências que ressoam no campo lacaniano enquanto campo do gozo. A abordagem de Lacan, denominada lógica, e suas conclusões sobre a sexuação não se afastam das intuições de Freud, mas, sim, apoiam-se nelas.

É fato que o discurso capitalista mudou as coisas, que a foraclusão da castração provoca respostas em que a singularidade se resolve em agrupamentos anônimos de auto-convocados que encontram uma defesa em sua "luta pela igualdade plena" no "coletivo da diversidade sexual". Em outras palavras, na terceira de sempre. A terceira imaginária do sexo – assistida, hoje em dia, pela medicina, pela psicologia, pela sociologia, pela análise do discurso, entre outras – e que substitui a terceira lacaniana do real. Mas, se o analista quer atender quem se auto denomina ou *queer*, ou *gay*, ou *trans*, *lésbico* ou *lésbica*, não deveria esquecer as coordenadas em que se assegura seu discurso analítico.



A escolha do gênero é um direito do cidadão. A escolha do sexo, por sua vez, tem limitações impostas por escolhas já realizadas, nas quais o falante, certamente, se autorizou de si mesmo, mas não o fez totalmente só;

não sem o requerimento do amor ou do respeito de quem lhe transmitiu algo referido à função falo/castração: seja por ter encarnado a exceção para seu filho, seja por ter admitido que sua filha possa não tomá-lo completamente como exceção.

Pois bem, a distinção neurose-perversão-psicose se mantém atualmente para o homem. Em uma mulher, por sua vez, a distinção neurose-psicose se sustenta firmemente na clínica das consequências da não-relação sexual. A perversão/*père-version* em uma mulher a reconduz a seu lado mãe, e não tanto a práticas em que ela não faz nada a não ser inscrever sua heterossexualidade, por amar mulheres, por exemplo, seja para desafiar a seu pai (no caso da histeria), seja para atualizar a foraclusão de seu Nome em outros tipos de reações às coordenadas da estrutura.

## O feminino: as quatro vias de pesquisa em Lacan

Gostaria de voltar às vias que Lacan propôs para tentar responder as perguntas que o feminino apresenta ao psicanalista.



1) A primeira é muito conhecida, é a *pergunta histérica* já bem examinada por Freud no início da psicanálise. "O que é uma mulher?" é a pergunta que Dora se faz, que faz ao casal formado por seu pai e pela Sra. K e faz também a Freud, segundo Lacan. A resposta é buscada pelo lado do desejo, mais precisamente no que ocorre entre o *partenaire* homem e outra mulher na vertente do desejo. Nessa pergunta sobre o desejo feminino, Freud se deixou guiar por suas

analisantes histéricas, mas sem chegar a nenhuma resposta "satisfatória". *Was will das Weib?*, teria Freud perguntado a Marie Bonaparte , pergunta que Jones, seu biógrafo, traduziu piedosamente ao inglês como *What does a woman want?* O que quer *uma* mulher? Lacan volta a essa pergunta muitas vezes em seu seminário, até concluir que era preciso tomá-la tal qual traduzida por Jones, pois nada indica que se possa fazer A mulher, *das Weib*, um universal.

2) A segunda via é a da *abordagem perversa do gozo feminino*. Essa foi bastante explorada por Lacan, particularmente, em seu seminário *A lógica do fantasma*, em que enuncia categoricamente que *se perguntar pelo gozo feminino é abrir a porta de todos os atos perversos*. Esse ato, que diverge do genital, tem, não obstante, algo a ver com o ato sexual. O que caracteriza essa abordagem é a negativização da "função de um certo órgão, que o próprio órgão por onde a natureza, pela oferta de um prazer, garante a função copulante"[8]. É por essa via que o "valor", aquilo fictício, o mais-de-gozar, se introduz no lugar do gozo feminino. É nesse mesmo plano, o do valor, que esse gozo entra jogo sob a forma de pergunta. Se essa interrogação, legitimamente chamada perversa por Lacan, concerne ao ato sexual é somente porque o modelo que ela nos dá é o das tentativas de solução que suprem o que pode ocorrer no nível inalcançável do corpo da mulher: mediante a instauração de um valor de gozo. Essa instauração se apoia, obviamente, no valor dado a outros órgãos do corpo (a → $).

O órgão da copulação, assim valorizado, é negativizado. O falo equivale à castração. Além disso, confunde-se, por equívoco do discurso comum, com a cópula gramatical pela qual o falante homem está interessado não apenas no ter, mas também no ser. Essa abordagem do gozo feminino, finalmente, não é senão uma *a*-bordagem; manter-se com o apoio dos *a* fora do corpo, em uma borda, sem se misturar com o corpo-Outro. Isso permite situar a *heterofobia* radical que caracteriza toda perversão; não só a masculina, mas também todas as perversões em que o objeto *a* erige o falo como função negativizante, castradora, fetiche que barra o acesso ao sexo-Outro, o sexo temível de um corpo cujo gozo não se reduz ao valor. A pergunta perversa sobre o gozo feminino se apoia, então, em respostas em curto-circuito que substituem o gozo-Outro por um valor de gozo. É nesse âmbito que o falante homem alcança o ser, inclusive o ser-macho (*mâlêtre*), por estar afetado por uma função castração que nos conduz (*noumène*) a ser a pura metonímia do verbo que faz função de cópula na gramática.



3) A terceira via é a mística. Em seu seminário *Mais, ainda*, Lacan assinala, em primeiro lugar, que gozar do corpo faz parte da ambiguidade significante que lhe é inerente enquanto substância cuja corporeidade está fundada no significante. Efetivamente, o sintagma "gozar do corpo", que pode ser lido como um genitivo objetivo em uma leitura sadiana – gozar do corpo como um objeto –, pode, ao contrário, despertar

êxtase, de genitivo subjetivo, em que seria o corpo--Outro aquele que goza.

No primeiro caso, trata-se de um gozo gramaticalmente restrito a um valor de gozo (gozar de...). Já no segundo, trata-se de um gozo que se separa do objeto, é o gozo de um corpo que goza intransitivamente. Esse gozar extático, na verdade, não é subjetivo a não ser por atribuição linguística. O gozo feminino tem esse elemento em comum com o gozo *místico*, etimológica e praticamente fechado ao reconhecimento do sujeito: pode-se experimentá-lo, mas sem admiti-lo.

Sobre isso podemos, inclusive, ler no seminário *Mais, ainda* alguns parágrafos memoráveis: "Há um gozo dela, desse *ela* que não existe e não significa nada. Há um gozo dela sobre o qual talvez ela mesma não saiba nada a não ser o que experimenta – isto ela sabe. Ela sabe disso, certamente, quando isso acontece. Isso não acontece a todas elas"[9]. "O Senhor seja louvado porque me livrou de mim mesma", escreve Santa Teresa D'Ávila. Esse desdobramento entre gozo místico e *mim-mesmo* não tem nada a ver com o tratamento da divisão subjetiva na passagem ao ato perversa, que soluciona essa divisão transferindo-a ao *partenaire* (a → $).



4) A quarta via é a *abordagem lógica*. Gostaria, aqui, somente de indicar que a leitura lógica de Lacan permite uma referência não idealizada da sexualidade feminina, não reduzida a um valor. Ou seja, não pretende captá-la como objeto de um conhecimento

do qual ela facilmente subtrairia, por acomodação clássica, a fantasia do homem ou do teórico. O estilo da abertura do seminário *Mais, ainda* é coerente com isso e não está desprovido de método. "Penso em vocês. Isto não quer dizer que eu penso vocês"[10], diz Lacan. Convite aos analistas para que se desfaçam dos antolhos do objeto *a*: para que seu desejo esteja advertido de que uma mulher, no enigma do gozo e do desejo que ela apresenta, não se pode captar do ponto de vista do discurso do inconsciente quanto variante atual do discurso do mestre – laço social que induz e determina a castração.

Parece-me decisivo, assim, que, enquanto analista, saiba-se respeitar a *heteridade* em jogo no gozo feminino, que difere radicalmente daquilo que se maquina no polimorfismo aparente dos valores perversos de gozo – os quais escondem e mantêm sempre seus limites estritos e sua fixidez monolítica. O lado freudiano, não "castrável" das mulheres, permite-lhes outra liberdade em relação ao gozo. Isso justifica que a satisfação de aparência mística, fechada, da qual uma mulher pode gozar, seja elaborada por Lacan a partir de uma interseção de conjuntos abertos. Essa lógica não é menos válida em função das possibilidades epistêmicas de uma mulher que, enquanto tal, é "Outra para si mesma". É o caso em que, mais radicalmente do que em qualquer outro, a diferença em jogo na análise não é relativa, e sim absoluta.

# Homofobias psicanalíticas
## *A psicologização do Édipo*

Antonio Quinet

Este trabalho faz parte de uma pesquisa de crítica assídua do movimento psicanalítico proposto por Lacan. O tema dos laços sociais e as parcerias amorosas foi a ocasião para alguns psicanalistas na Europa, entre o final do século passado e o início deste, exporem suas concepções psicanalíticas, nos jornais e na mídia, a respeito do complexo de Édipo, da homossexualidade e de suas preocupações com a sanidade mental de uma criança adotada por casais do mesmo sexo biológico. Isso vem sendo objeto de vários estudos acadêmicos e psicanalíticos no mundo como, por exemplo, as teses de doutorado de Acyr Corrêa Leite Maya, cujo título é *Homossexualidade: Saber e Homofobia,*[1] e a de Anderson Schirmer sobre *Homofobia, véu do real*[2].

O conjunto dessas declarações públicas,algumas das quais podem ser encontradas na internet, foi considerado, na França, "homofobia psicanalítica" por um psicanalista conhecido e, por outro, também historiador, "um desastre de tal ordem para a psicanálise que só uma próxima geração de analistas poderá eventualmente retificar"[3]. Nosso interesse é o debate de ideias e a reflexão. Daí preferirmos não citar os nomes dos autores psicanalistas cujas declarações públicas apresentaremos aqui.

A regulação dos gozos que asseguram os discursos é frequentemente utilizada pela "moral sexual civilizada" para determinar e discriminar os laços amorosos adequados ou inadequados a uma dada sociedade. Os laços sociais que tentam, em vão, regular as parcerias amorosas entre os sexos são tentativas também vãs de suprir o real da relação sexual que não pode ser escrita. Em nossa pesquisa, verificamos que, ao longo da história, essa regulação vem sendo sustentada, em nome de Freud e de Lacan, por alguns psicanalistas que apregoam a boa e normal sexualidade em contraposição a uma sexualidade desviante, imatura, patológica ou perversa. E, a partir daí, pontificam sobre os laços sociais e a direção do tratamento analítico de acordo com sua concepção das práticas sexuais e vínculos amorosos. É o que vem acontecendo na história da psicanálise em relação à homossexualidade.

Essa posição de alguns analistas nada mais faz do que incrementar o repúdio à própria psicanálise, a segregação que já existe na sociedade, o tabu da homossexualidade e a discriminação de gays e de lésbicas. Esses analistas acabam assim se alinhando aos que promovem o discurso de incitação ao ódio – discurso esse que, como outros, sustenta atos *homoterroristas* como o que aconteceu no ano de 2016 em Orlando, onde um *homoterrorista* fundamentalista assassinou brutalmente 50 pessoas numa boate gay e deixou mais 50 feridas.

A Escola de Psicanálise é nosso instrumento político para transmitir a psicanálise, fazendo com que ela cumpra a sua função no mundo. Trata-se de um lugar onde os "trabalhadores decididos" não estão a serviço do discurso do mestre, do universitário ou do capitalista, nem tampouco a serviço do gozo de um que acredita ser o UM, e sim a serviço do discurso do analista. Trata-se de um organismo que tem por função política "restaurar o gume cortante de sua verdade; que reconduza a práxis original que ele instituiu sob o nome de psicanálise ao dever que lhe compete em nosso mundo; que, por uma crítica assídua, denuncie os desvios e concessões que amortecem seu progresso, degradando seu emprego"[4].

A psicanálise é subversiva, mas os analistas são conservadores e reprodutores da ordem vigente, por demais condescendentes com a "civilização". Mas não todos. A civilização está cada vez mais contaminada pela barbárie em vários níveis: barbárie da espoliação capitalista, da segregação, das guerras e da destruição do meio ambiente. A história da psicanálise nos mostra a "engenharia humana" na qual ela se transformou com sua psicologização e foraclusão do inconsciente: a participação e condescendência de analistas nas ditaduras militares, a homofobia nas instituições psicanalíticas e suas teorias, até a discriminação *homoterrorista* de alguns psicanalistas na Europa contra as leis do casamento gay e da homoparentalidade.



Daí a necessidade de um crítica assídua para que a psicanálise não seja degradada e engolida pela religião, ciência ou discurso capitalista. Não foram os psicanalistas, por exemplo, que promoveram as mudanças na sociedade contra a patologização e a discriminação derivadas do racismo sexual, e sim os movimentos sociais e os estudos da teoria de gênero. No entanto, a psicanálise, de Freud a Lacan, fornece todas as armas para isso. Até quando nós, analistas, ficaremos a reboque das mudanças contemporâneas de subjetividade e transformações dos *sinthomas*?

Na terceira parte da *Proposição sobre o Analista da Escola*[5], Lacan se refere ao que ele chama de "nossas relações com o exterior". Aí fica mais clara a questão política ou, mais precisamente, "a extra territorialidade da psicanálise" em que ele situa as famosas três linhas de facticidade, que são de fato três orientações políticas para a psicanálise, a partir de três fatos históricos: a ideologia reinante, o nazismo e o campo de concentração. São três aspectos da civilização, que Lacan reparte em Simbólico, Real e Imaginário, contra os quais o psicanalista deve se opor.

No registro do Simbólico, trata-se da "ideologia edipiana da família pequeno-burguesa"[6], que, segundo as palavras de Lacan, é, na verdade, a filha do casamento do capitalismo com a ciência no templo da religião. Muitos analistas ainda confundem o complexo de Édipo com o edipismo da família tradicional pai, mãe e filho biológico, batizado na Igreja e com registro civil no cartório. E, daí, falam barbaridades, conduzem análises e escrevem teorias nas quais abundam o preconceito, a discriminação e a patologização de tudo o que sai de uma suposta norma edipiana. Se Judith Butler criticou o Édipo freudiano de heteronormativo e dominado pela ideologia machista em que a mulher está em segundo lugar entre os sexos, foi certamente porque os analistas não fizeram, a partir do Édipo normativo descrito por Lacan no *Seminário 5*[7], uma revisão das leituras equivocadas.

Vale lembrar que nesse seminário de 1957-1958, em que nos traz a fórmula da Metáfora Paterna, Lacan não se refere a nenhuma normatividade e também não fala de papai e de mamãe. Fala, sim, das funções do Nome-do-Pai e do desejo da mãe, deslocando o Édipo da família para uma função da fala no campo significante do desejo. Os analistas lacanianos que se ativeram a uma concepção normativa do Édipo e hierarquizada da sexualidade – em que normal é a heterossexualidade e perversa, a homo – não foram mais adiante na reformulação constante do Édipo de Freud em Lacan, que o situa como o quarto elo do nó borromeano que liga os três registros do ser-para-o-sexo. O *sinthoma* é um Nome-do-pai para o neurótico que se expressa como letra na singularidade de cada um. O Édipo na psicanálise merece ser re-visto. Sempre.

No Imaginário, é a estrutura do grupo constituído a partir do Um, como Freud dissecou em *Psicologia das massas*[8], o $S_1$ encarnado por uma pessoa que se torna assim líder, guru, ideal de eu de um grupo submisso e hipnotizado. A representação paradigmática desse $S_1$ é o bigode de Hitler, como o seu mais-de-gozar que provocava nos nazistas um efeito de identificação, cristalizando-os[9]. Trata-se, com Lacan, da repercussão no coletivo da política do Um, do Todo Fálico, da lógica do Universo em que todos são iguais e castrados, impotentes frente ao Um do poder. Em oposição a isso, há a lógica da heteridade, de não fazer universo, do conjunto aberto de dispersos disparatados[10], do enxame de $S_1$, do modo de funcionamento em rede, do somatório de singularidades que não se fecha e nem cabe em uma panela de pressão.

No registro do Real, é o processo de segregação e racismo, cujo pior exemplo nos é dado pelo campo de concentração nazista. Trata-se do efeito do rechaço do real que pode se expressar como um mal radical que cada um leva dentro de si e projeta no outro. Daí, o outro se transforma em inimigo a ser eliminado. Trata-se, a partir da lógica do Um, do rechaço da heteridade, do outro como radicalmente outro, como diferente. Todo aquele que não é "Mesmo" é, gradualmente, discriminado, isolado, perseguido e eliminado. O racismo é a tentativa de situar no Outro o nosso gozo descaminhado, na medida em que estamos dele separado.

Vejamos algumas declarações públicas de psicanalistas europeus diante do debate sobre o casamento gay e a homoparentalidade[11]. Um conhecido analista francês declarou: "Estou convencido de que a criança se constrói pensando que ela é o resultado de um encontro entre um homem e uma mulher. A realidade sexual é a realidade da diferença dos sexos". Para outro, que também é psiquiatra, adotar a lei do casamento gay é "suprimir a diferença dos sexos como elemento da divisão do sujeito e a proibição do incesto – o que é uma armadilha literalmente perversa". Outro, ainda interpreta que a reivindicação da homoparentalidade é devida ao fato de "a vida sexual deles não ser potencialmente procriadora". Trata-se, como vemos, da ideologia "teológico-psicanalítica", segundo as palavras de um colega discordante.

Outro lacaniano afirmou que "(...) é necessário que esse significante Nome-do-Pai seja, explicitamente, e sem ambiguidades, referido à existência de um terceiro, marcado em sua diferença sexual em relação à protagonista que se apresenta como mãe." Ainda outro analista francês se pergunta como "esses filhos vão se confrontar com a diferença, se doravante, a mesmice dos lugares do pai e da mãe poupam o futuro sujeito de fazer o seu aprendizado nessa confrontação". Vemos aqui, sistematicamente, a diferença sexual ser referida por esses analistas lacanianos à diferença anatômica dos sexos, como o fazem os estudiosos de gênero. Da mesma forma, para um analista italiano, os filhos de casais que não veem a diferença sexual dos pais não poderiam passar pela "crise edipiana".

No texto sobre a jovem homossexual[12], Freud afirma serem três os determinantes da sexualidade: a anatomia, a posição subjetiva (masculina ou feminina) e a escolha sexual (homo ou hetero) – podendo, esses três elementos, se misturar e variar de acordo com cada caso. Com Lacan, aprendemos que a sexualidade é desnaturalizada pela linguagem e pelo inconsciente, e que a diferença sexual repercute nas posições subjetivas de gozo e na diferença de posição entre o todo e o não todo fálico, independente de qualquer genitália.

Outro que se diz psicanalista exprime uma preocupação fofa: "vai ser um problema para a criança superar a falta de modelo de um homem que ama uma mulher e de uma mulher que ama um homem. Uma criança necessita ver sua mãe amando seu pai". O amor é lindo... mas só entre um pai XY e uma mãe XX. Mas, o pior é que, "no casal homossexual, é muito provável que eles tratem a criança como o centro de toda a casa. E isso não é bom. Porque uma criança de casal homossexual se converteu em algo excepcional, em um fenômeno único, uma espécie de bem inestimável do casal. O rei da casa". Parece que ele se esqueceu de ler a *Introdução ao narcisismo*[13], de Freud, e a posição de todo filho de ser "Sua majestade o bebê".

Outros analistas também batem na mesma tecla: Sr. X alerta para "o homossexual não fazer de seu narcisismo uma armadilha em defesa do direito de ser homossexual". Esse preconceito não é novo, encontramos desde Hanna Segal a afirmação de que "a heterossexualidade pode ser mais ou menos narcisista, pode ser muito perturbada ou não. Na homossexualidade, isso é inerente"[14]. Ora, o narcisismo localizado por Lacan como o investimento na imagem é uma característica de todo corpo falante – é o que caracteriza todo ser humano como *homo sexualis*, ou seja, aquele que tem amor pelo mesmo, a sua imagem no outro, independente do sexo.

No final dos anos noventa, uma Escola de Psicanálise na França fez uma jornada com um título muito "última moda", chamado "Gays em análise". Era uma jornada de psicanálise de orientação lacaniana – e não de estudos de gênero nem de sociologia –, desses mesmos lacanianos que aprenderam com Lacan que só se faz análise do sujeito do inconsciente. Nessa jornada, o chefe de Escola diz não ter nada contra o casamento gay, apesar de os gays, diferente dos heteros, "não respeitarem a fidelidade conjugal". E lamenta que os homossexuais, ao reivindicarem o direito de cidadania, "tendem a apagar um certo número de traços fundamentais à perversão". Eles perderiam, portanto, o charme da clandestinidade e o glamour da transgressão. Ainda por cima, os analistas dessa Escola, ao constatarem que o inconsciente é falocêntrico e foraclui o Gozo Outro, concluíram que o inconsciente é... homossexual. Como se o sexo entre pessoas do mesmo sexo biológico excluísse a heteridade e que homens e mulheres, dotados de inconsciente e pulsões, não se distribuíssem na partilha da sexuação independente de sua genitália.

Mais recentemente, diante dos movimentos que tomaram a rua pró e contra os projetos de lei, esse mesmo chefe lançou uma palavra de ordem de virginal pudor, como um "não me toques": "por favor, não instrumentalizem a psicanálise para fins sociais"[15]. O cinismo psicanalítico pode ir às raias do ridículo. Outro chefe de Escola perguntou para a jornalista que o entrevistava: "Se algo lhe acontecesse, você concordaria que seus filhos fossem entregues a um casal homossexual?". E fez uma profecia: "Em 15 anos, teremos processos judiciários de filhos de homossexuais contra o Estado".

A questão da homofobia na psicanálise não é uma novidade. Ela vem sendo tema de pesquisa de vários trabalhos e teses de doutorado no Brasil e no mundo. Freud sempre lutou e militou contra ela dentro e fora da psicanálise. Na instituição, foi contra Jones e sua filha, Anna, que queriam barrar a entrada de analistas gays para a formação analítica. E, publicamente, assinou uma petição contra a criminalização da homossexualidade – só descriminalizada em 1981 na França e em 1994 na Alemanha. Freud fez também declarações públicas ao jornal *Die Zeit* dizendo que a homossexualidade não deveria ser uma questão de tribunal e que não era doença.

Sua posição, porém, não prevaleceu nos institutos de formação na IPA nem na psiquiatria, que a interditaram aos homossexuais. Só em 1992, a OMS retirou a homossexualidade como patologia do Manual de Classificação Internacional da Doenças (CID-10). Em 1997, o Congresso Internacional de Barcelona foi marcado pelo trabalho de Raph Roughton que trouxe à luz publicamente a homofobia dos institutos de formação tendo que pleitear pela despatologização dos analistas gays[16]. Só a partir de então começou a ser franqueada aos homossexuais na formação analítica.

Lacan nunca barrou, em sua Escola, a formação de nenhum analista por causa de sua escolha sexual. Se nos anos 1950 encontramos alguns trechos em seu ensino associando a homossexualidade à perversão, nessa época, Lacan ainda não se diferenciava do ponto de vista da IPA sobre o assunto. Posição essa que não se manteve posteriormente em seu ensino quando abandonará a relação da perversão com a castração e nem mais se referirá aos homossexuais como perversos. A partir dos anos 70, Lacan revolucionará esse tema com as fórmulas da sexuação, com o Édipo borromeano e com os termos *homo sexualis* e heteridade.



Para finalizar, podemos citar dois depoimentos ainda mais segregativos, eivados de incitação à discriminação e ao ódio, na medida em que situam os homossexuais como uma ameaça ao laço social. Curioso que isso venha de pessoas que se alinham com Freud, que dizia que a ligação homossexual é o cimento social. Pois bem, um analista francês, de formação jurídica, declarou que "instituir a homossexualidade com *status* familiar é colocar o princípio democrático a serviço da fantasia, na medida em que, o direito é fundado no principio ideológico, isso abre espaço para uma lógica hedonista, herdeira do nazismo". E um psicanalista italiano afirmou que, se o casamento homossexual for reconhecido, "ele tende a ameaçar de destruição o reconhecimento e apoio social aos laços humanos, os quais levam em conta a diferença e o futuro, como são os laços familiares originais. Prevalecerá o instinto de morte. O ISIS (Estado Islâmico) não é muito diverso disso". Ainda acrescenta que negar a diferença sexual anatômica é "negar a realidade e medi-la com uma régua abstrata com a mesma lógica do campo de concentração".

Depois de Orlando, em que um homem matou 50 pessoas numa boate gay, reivindicando ser do ISIS (Estado Islâmico), fica ainda mais bizarra essa declaração que inverte monstruosamente a realidade. Talvez o termo homofobia seja inadequado para designar tais discursos e atos. Não seria melhor dizer *homoterrorismo*? Ou até mesmo *homofascismo*? Não obstante todas essas ameaças malignas, tanto na França quanto na Itália, o projeto de lei do casamento gay e da homoparentalidade foi aprovado.



Em nossa pesquisa, verificamos um número significativamente maior de declarações de psicanalistas contra o casamento gay e contra a homoparentalidade do que os outros com posição distinta. O silêncio de uns não foi mais eloquente do que o preconceito dos outros. Lavar as mãos não tirou a mancha jogada na psicanálise. A história da psicanálise nos mostra: a "engenharia humana" na qual se ela transformou nos EUA com a sua psicologização e foraclusão do inconsciente, a Psicologia do Ego. E agora, como podemos chamar esses desvios da psicanálise na atualidade? Psicologização (pequeno-burguesa) do Édipo? Teologia psicanalítica? Psicanálise cínica? Lembremos que são os discursos que dão sustentação a atos *homoterroristas* como o que aconteceu em Orlando e como acontecem cotidianamente no Brasil, onde um homossexual é assassinado a cada 27 horas e onde a extrema direita e os políticos evangélicos apregoam a cura de homossexuais e incitam a homofobia. Daí a necessidade de uma crítica assídua para que a psicanálise não seja degradada e engolida pela religião, ciência ou discurso capitalista.

Lacan nos deixou a pergunta: "E quando a psicanálise houver deposto as suas armas diante dos impasses crescentes de nossa civilização, é que serão retomadas – por quem?"[17]. Não esperemos chegar a esse ponto, temos as nossas armas – as que nos fornecem a teoria e a clínica psicanalíticas. "A intensão no político só pode ser feita ao se reconhecer que é só do gozo que há discurso"[18]. A política é uma forma de tratamento do gozo: modalidade de dominar e regular o gozo. A política determinada pelo Estado, a serviço da sociedade e de suas instituições, é um campo minado de interesses e de forças de movimentos sociais e partidários. Pode contaminar o discurso do analista que não esteja prevenido e advertido de não se deixar guiar por tudo o que não seja próprio do desejo do analista: levar cada sujeito à sua pura diferença.

O que a psicanálise nos ensina é que tem algo do gozo que não é coletivizável, na medida em que é aquilo que cada sujeito tem de mais singular. Há algo que tampouco entra no discurso, como as coisas do amor e do sexo que não se encaixam em nenhum discurso previamente estabelecido. É o que não faz plural, mas não deixa de fazer parceria. Isso é uma questão a ser levada em conta na política. A singularidade é o modo como cada um goza de seu inconsciente, ou seja, seu *sinthoma*. A política da psicanálise é a política do *sinthoma*. E, ao levá-la para o mundo e poder se defrontar com a "civilização", os analistas se situam politicamente contra os discursos que fazem obstáculo ao *sinthoma* de cada um, que hierarquizam formas de parcerias sexuais, que discriminam determinadas maneiras de gozar, que excluem fala-a-seres por suas opções, cor, credos, classe social e suas aspirações e *sinthomas*.

O psicanalista não pode ser preconceituoso e se deixar contaminar pela moral, religião ou o discurso da ciência que foraclui o sujeito[19]. A psicanálise é antirracista, pois admite que o estrangeiro habita o âmago de cada um e o diferente (heteros) é parte de si. Cabe ao analista fazer entrar a consideração pelo gozo do *sinthoma*, com sua singularidade, no discurso de sua pólis. E, no espaço público e no privado, trazer a política que sua prática ensina.

# Novas presenças da sexualidade

Mirta La Tessa

## Introdução

Freud inaugura o século XX com a descoberta do inconsciente e com a construção do conceito de sexualidade tal como o conhecemos hoje em dia. Também sabemos a estreita relação que estabeleceu entre o inconsciente e a sexualidade. Freud afirma, em *Mais além do princípio do prazer*, que seus desenvolvimentos teóricos centrados na teoria sexual podem ser reduzidos a três passos: a ampliação do conceito de sexualidade, a introdução do narcisismo e o estabelecimento da dualidade pulsional – pulsão de vida e pulsão de morte:

> O conceito de 'sexualidade' e, ao mesmo tempo, de instinto [pulsão] sexual teve, é verdade, de ser ampliado de modo a abranger muitas coisas que não podiam ser classificadas sob a função reprodutora, e isso provocou não pouco alarido num mundo austero, respeitável, ou simplesmente hipócrita[1].



Entretanto, hoje, um século depois – e há quase trinta anos –, nos deparamos com algo que chamaremos "novas presenças da sexualidade". Na contramão do movimento de inclusão e extensão de Freud, essas novas presenças, em muitos casos, se desdobram, se separando daqueles postulados e, é preciso reconhecê-lo, se autoafirmando "contra a psicanálise". Chamamos-nas "novas presenças da sexualidade" sabendo de antemão que não se trata de novidades, que são práticas humanas com histórias. Mas, ao mesmo tempo, queremos enfatizar que o modo de sua presença atual no mundo é novo. Esse modo é uma presença social e política de grupos de sujeitos que reivindicam seus direitos em relação a novas práticas sociais, políticas e sexuais. Por essa via, defendem uma "identidade" – ainda que a questionem – específica, como, por exemplo, os mais diversos agrupamentos de gêneros: mulheres, feminismos, homossexuais, travestis, transexuais, gays, lésbicas, transgênero, novas masculinidades, sado-masoquistas etc.

Isso nos interpela particularmente se levamos em consideração que os sintomas vestem a roupagem de sua época e que nossos conceitos, os da nossa psicanálise, sobre os sintomas, se construíram e se reconstroem permanentemente. Sintomas esses singulares, evidenciados na experiência das análises. Insistimos: não são apresentações totalmente novas, mas tampouco são as mesmas. Há história, e não apenas dos costumes, mas também dos modos como se vivencia e se pensa a experiência. Nós não poderíamos, por exemplo, falar de homossexualidade na Grécia Clássica. Como diz Pascal Quignard, em *O sexo e o espanto*:



> Nunca houve homossexualidade nem grega nem romana. A palavra 'homossexualidade' apareceu em 1869. A palavra 'heterossexualidade' apareceu em 1890. Nunca, nem os gregos nem os romanos, distinguiram homossexualidade e heterossexualidade. Distinguiam atividade e passividade. Opunham o falo a todos os orifícios. A pederastia grega era um rito de iniciação social. Mediante a sodomização

> ritual do país, o esperma do adulto transmitia virilidade ao menino. O amado se submete ao *inspirator*, ao cidadão de mais idade, e recebe dele a caça e a cultura, que se resumem ambas na guerra[2].

Há uma proliferação de estudos teóricos que acompanham essas "novas presenças da sexualidade". Dentre eles, mencionaremos os estudos de gênero – fundamentalmente associado às teóricas feministas –, os *gays* e *lesbians studies* – corrente acadêmica nascida nos EUA há, aproximadamente, trinta anos – e o que hoje se nomeia mais globalmente como teóricos *queers*. Esse foi, no início, um nome adotado por um grupo de autores, mas, hoje em dia, inclui praticamente a maioria deles, como Butler, Bersani, Halperin, Preciado, De Lauretis, Davidson, entre outros.

Desde que Freud afastou – com esse movimento radical realizado com a descoberta do inconsciente e com a ampliação do conceito de sexualidade – a genitalidade de qualquer possibilidade de comando da erogenização do corpo, esse já não responde, libidinalmente falando, à sua configuração biológica. Dizemos já não responde não porque antes respondesse, mas porque, usando uma expressão de Judith Butler, essa "insubordinação de gênero" se ampliou e se desenvolveu muito, chegando hoje a um alto grau de visibilidade. A afirmação de Lacan "não há relação sexual" não faz senão levar até as últimas consequências a subversão produzida pela realidade sexual do inconsciente freudiano.

Para a psicanálise, a diferença dos sexos não é um dado de saída. A assunção de uma posição sexuada se constrói por meio da história singular do desejo – que nasce a partir do Outro –, das identificações, das fixações de gozo, da operação da castração, do laço com os outros e da encarnação dos significantes no corpo. Com as fórmulas da sexuação, Lacan dá um tratamento novo à diferença entre os sexos, colocada em termos de uma diferença entre gozos: o gozo todo fálico e o gozo não-todo fálico. Nos seminários *...ou pior* e *Mais, ainda*, Lacan postula a impossibilidade da escrita da relação/proporção sexual. Em outras palavras, postula a impossibilidade de que se possa articular como saber. Esse ponto de impossibilidade será o real da sexualidade. É essa mesma consideração que nos impede de ser prescritivos quanto a qualquer tipo de normatividade sexual.

## Os teóricos *queers*

O mais profícuo que encontramos nesses autores é que muitos deles, em maior ou menor grau, discutem seriamente com a psicanálise. Questionam-na, mas também se valem de muitos de seus postulados. Esses autores têm ideias distintas, discutem entre eles, e seus trabalhos estão longe de ser homogêneos. A grosso modo, podemos localizar três possíveis eixos de inteligibilidade:

1) o recurso à história;
2) a categoria de identidade sexual;
3) a questão da psicopatologização.

## 1) O recurso à história

Para muitos, a *História da sexualidade*, de Foucault, é uma referência ineludível. Sabemos que, nesse livro, o autor polemiza com a psicanálise. Além disso, esse texto foi causa do desenvolvimento do que se conhece como "os estudos históricos da sexualidade". Afirma Davidson em *A aparição da sexualidade*:

> 'Somos nossa sexualidade', ou isso que nos disseram uma e outra vez. Quase qualquer história da sexualidade é uma história de nossas ideias sobre a sexualidade, uma história de nossas instituições que controlam a sexualidade, como se a própria sexualidade fosse algo absoluto, uma constante, exterior ao tempo, como se a história da sexualidade exigisse que a sexualidade fosse supra-histórica, um ponto fixo em torno do qual pode girar nossa história. Mas, e se a própria sexualidade fosse histórica, se uma história da sexualidade introduzisse a descontinuidade em nosso ser e desgarrasse a tranquilizadora estabilidade de uma necessidade supostamente eterna?[3].



Davidson lembra e destaca a distinção que Foucault faz entre psicanálise e psiquiatria. Afirma que a primeira realizou uma "ruptura" radical em relação ao "grande sistema perversão-herança-degeneração", opondo-se rigorosamente a seus efeitos político-institucionais e estabelecendo assim uma descontinuidade fundamental com aquele. Essa tríade era baseada na noção psiquiátrica de instinto sexual e o fato de Freud ter refutado essa noção, "não só política, mas também conceitualmente, constituiu, a partir da perspectiva de algo parecido à análise arqueológica de Foucault, o que poderia ser considerado uma revolução em um estilo de raciocinar"[4].

Por sua vez, em *Homos*, Bersani diz:

> A ideia de Foucault, de que a homossexualidade fez-se presente a partir de 1869, representou um giro crucial e provavelmente irreversível de nosso pensamento: ao afirmar sua contingência histórica, convida-nos a questionar todo o sistema de oposição binária de gênero, do qual a homossexualidade é apenas um termo[5].

O autor também afirmou, em uma conferência na Faculdade de Psicologia da Universidade de Buenos Aires (UBA), o seguinte: "Foucault e Freud: grande parte de meu trabalho consiste em um diálogo incessante – às vezes, conciliador; às vezes, conflitivo – entre-os-dois. É no torvelinho do espaço situado entre Foucault e a psicanálise que tentei pensar a gaycidade (*gayness*) e, mais genericamente, desejo e sexualidade"[6].

Voltando a *Homos*:

> A primeira grande tentativa teórica de dessexualizar o prazer não foi em a *História da sexualidade*, de Foucault, e sim em *Três ensaios sobre a teoria da sexualidade*, de Freud, setenta anos antes. Foi essa a obra que, pela primeira vez, propôs a possibilidade de dissolver toda a noção de sexo em uma reorganização dos prazeres corporais (...). A originalidade de seu pensamento está centrada na 'apropriação' da noção de sexualidade por certos fenômenos que foi o primeiro a descrever e que tinham pouco a ver com aquilo que, inclusive ele, tinha entendido como especificamente sexual[7].

Diferente do sexo-fato natural, Halperin nos diz, em *Há uma história da sexualidade?*, que a sexualidade tem história, "é uma produção cultural e representa a apropriação do corpo humano e de suas capacidades fisiológicas por um discurso ideológico"[8]. Nesse sentido, concorda com Foucault. A sexualidade não seria senão esse "jogo de efeitos produzidos nos corpos, condutas e relações sociais por certo desdobramento de uma tecnologia política complexa"[9]. Para esse autor, descobrir e descrever a história da sexualidade – em especial, a Antiguidade Clássica – parece uma tarefa suficientemente radical em si, dado que seu efeito é questionar a própria naturalidade do que geralmente consideramos essencial em nossas naturezas individuais.

2) A categoria de identidade sexual

Nessa direção, é conhecida a posição de Butler em *Imitação e insubordinação de gênero*: "Estou permanentemente em conflito com as categorias de identidade, considerando-as obstáculos invariáveis e entendendo--as, inclusive promovendo-as, como lugares de conflitos necessários"[10]. Questiona frontalmente, a partir de uma interessante leitura do inconsciente, as categorias de identidade: "É a sexualidade de qualquer tipo possível, sem essa opacidade designada pelo inconsciente, que significa simplesmente que o eu consciente, que estaria disposto a revelar sua sexualidade, talvez seja o último a saber o significado daquilo que diz"[11]. Continua: "Não há linhas diretas, expressivas ou causais entre o sexo, o gênero, a apresentação de gênero, a prática sexual, a fantasia e a sexualidade"[12]. Butler também não aceita a ideia de uma especificidade lésbica e faz um formulação forte a respeito: "(...) não há necessariamente um elemento comum entre as lésbicas, exceto talvez que sabemos algo sobre como a homofobia trabalha contra as mulheres (...)"[13].

3) A psicopatologização

O terceiro eixo que encontramos nesses debates é o da psicopatologização. Esses autores questionam os binarismos homem-mulher e hetero-homossexualidade. O primeiro, como estereótipo do patriarcado e, o segundo, por estabelecer como patologia tudo aquilo que "se desvia" da heterossexualidade. Questionam, sobretudo, a normatização desses binarismos que deixariam relegadas ao terreno da patologia toda posição sexuada ou escolha sexual que não responda ao modelo heteronormativo.

Não consideramos pertinente responder à diversidade sexual com caracterizações psicopatológicas. Parece-nos mais interessante considerar a atitude de Freud no caso do fetichismo para compreender o que nos ensina sobre a sexualidade do ser falante. Como afirma Lacan em *Introdução à edição alemã de um primeiro volume dos Escritos*:

> Freud o disse antes de mim: numa análise, tudo deve ser recolhido (...) – recolhido como se nada se houvesse estabelecido fora dela (...) Com o que indico que o que decorre da mesma estrutura não tem forçosamente o mesmo sentido. É por isso que só existe análise do particular: não é de um sentido único, em absoluto, que provém uma mesma estrutura, sobretudo não quando ela atinge o discurso[14].

Achamos importante dar lugar ao debate com esses autores no que se refere à nossa concepção da sexualidade, assim como foi Krafft-Ebbing para Freud ou como aconteceu durante as aulas do seminário *Mais, ainda* de Lacan. Antoinette Fouqué, presidente, em 1968, do Movimento de Liberação Feminina e analisante de Lacan, afirma que esse seminário jamais teria a forma que teve se Lacan não tivesse que responder ao MLF acerca da questão das mulheres. Espírito que hoje parece perdido.

## Nosso ponto de vista

Nosso ponto de vista é o de que, efetivamente, compartilhamos um campo de análise que é o da sexualidade. Mesmo que o abordemos de perspectivas muito diferentes, temos o ponto de vista do sintoma singular dentro da experiência da análise, algo que, é claro, eles não poderiam levar em consideração. Para nós, se trata desse território da sexualidade que Freud abriu e que dificilmente encontra uma formulação mais radical do que a afirmação lacaniana de que "não há relação sexual".



A pulsão freudiana, realidade última da constituição sexuada do sujeito do inconsciente, começa a ser definida sem relação direta com um objeto que a satisfaça. Para toda pulsão, o objeto é "qualquer", isto é, contingente, não tem determinação prévia e não é tido como absoluto pela pulsão. Em outras palavras, com esse movimento, Freud desloca de saída a heterossexualidade e, portanto, a heteronormatividade. É por isso que muitos autores consideram Freud o primeiro teórico *queer*. Com sua teoria sexual, ele desconstrói o par homem-mulher como escolha predestinada.

Com Lacan, no seminário *Mais, ainda*, podemos encontrar uma clara delimitação do campo da psicanálise:

> Tudo que se articulou sobre o ser supõe que se possa recusar-se ao predicado (...) O que diz respeito ao ser, ao ser que se colocaria como absoluto, não é jamais senão a fratura, a rachadura, a interrupção da fórmula ser sexuado, no que o *ser sexuado* está interessado no gozo[15].

> O *gozar de um corpo*, de um corpo que, o Outro, o simboliza, e que comporta talvez algo de natureza a fazer pôr em função uma outra forma de substância, a substância gozante (...) Propriedade do corpo vivo, sem dúvida, mas nós não sabemos o que é estar vivos, senão apenas isto, que um corpo, isso se goza[16].

## O debate sobre a construção da diferença dos sexos e as fórmulas da sexuação



Pensar a diferença dos sexos nos confronta com uma série de problemas se queremos renunciar a aceitar com facilidade o "Deus os criou homem e mulher". Rapidamente, nos inclinamos a desconsiderar tudo aquilo que pudesse ser pensado na ordem dos papéis, ou seja, o que seria hombridade ou feminidade? Sabemos, por amplas demonstrações antropológicas, que dentre as culturas há uma enorme diversidade no que se refere aos "modelos" que cada uma oferece, mas isso não nos facilita nenhum acesso.

Em seu livro *O não-todo de Lacan*[17], Guy Le Gaufey propõe pensar a diferença sexual dentro do registro lógico e classificatório, partindo da Bíblia e das diversas interpretações teológicas, passando pela querela dos universais na Idade Média. O problema lógico mencionado coloca-se em torno da questão da diferença dos sexos, mas levando em conta que consideramos seu pertencimento comum ao gênero humano. A partir das diferentes leituras do Gênesis, surge a questão sobre se foi uma cocriação de ambos ou se o homem foi criado primeiro e, logo depois dele, surgiu a mulher. Assim, em uma versão (Gênesis I), seria um casal primordial com o agravante que apresenta o problema de que fossem duas espécies no seio de um mesmo gênero. Na outra versão (Gênesis II), seria um monogenismo, engendramento da mulher a partir do homem, posição que dá lugar à diferença fazendo referência ao "um é carne da carne do outro".

Na querela dos universais, nos séculos XI e XII, temos a questão de como conceitualizar a identidade e a diferença que atravessa toda a história da filosofia. Enunciando o problema de maneira simplificada, nos deparamos com uma dualidade irredutível: por um lado, a oposição homem-mulher é discreta, ou seja, estão separados e formariam uma espécie de duas essências. Por outro, são duas qualidades que se interpenetram e que se desdobram em uma gradação de homem a mulher, passando por todas as combinações intermediárias.

Segundo Le Gaufey[18]: "A diferença sexual mistura, abertamente, duas qualidades que o entendimento considera heterogêneas: o discreto e o contínuo".

Apesar de manter até o final sua concepção de que é em torno da oposição falo-castração que se articula a diferença dos sexos, Freud recorre à bissexualidade em alguns pontos em que se depara com alguma dificuldade insuperável. A bissexualidade, para ele, faria com que masculinidade e feminilidade fossem qualidades que se interpenetram, passando por uma grande variedade de combinações intermediárias. A bissexualidade está presente desde os *Três ensaios*. Em uma nota de 1915, lemos: "Todos os seres humanos são capazes de fazer uma escolha de objeto homossexual e que de fato a consumaram no inconsciente"[19]. A inclusão dessa nota permite pensar uma abertura a diversas posições, tanto na assunção sexuada quanto nas escolhas de objeto, pelo fato de que a identificação sempre pode se transformar em amor, e vice-versa. Em outras palavras, a escolha de objeto culmina em identificação.

No *seminário 11*, Lacan nos diz:

> Ora, a relação atividade-passividade, cobrirá ela a relação sexual? Eu lhes rogo que se refiram a tal passagem do *Homem dos Lobos*, por exemplo, ou a tais outras repartidas nas *Cinco Psicanálises*. Freud ali explica em suma que a referência polar atividade-passividade está ali para dominar, para recobrir, para metaforizar o que resta de insondável na diferença sexual. Jamais em parte alguma ele sustenta que, psicologicamente, a relação masculino-feminino seja apreensível de outro modo senão pelo representante da oposição atividade-passividade[20].

E, no *seminário 18*:

> (...) será que podemos dizer que Freud formula propriamente a impossibilidade da relação sexual? Ele não a formula como tal. Se eu o faço, é simplesmente porque isso é muito simples de dizer. Está escrito de todas as maneiras. Está escrito no que Freud escreve. Basta lê-lo[21].

Lacan precisa de dois seminários para construir suas fórmulas da sexuação. É muito importante considerar esse percurso para compreender que as fórmulas são um ponto de chegada que tenta escrever a inexistência da relação sexual. Propõem a diferença dos sexos como uma diferença entre gozos, ou seja, a relação de cada ser falante com o gozo sexual, sem que por isso cada um tenha o seu. Partem da afirmação da universalidade do gozo fálico, que é o gozo que articula corpo e fala e, nesse sentido, situa todos os seres falantes em um mesmo plano.

| EXISTE X QUE NÃO PHI DE X<br>Algum(s) dizem não | NÃO EXISTE X QUE NÃO PHI DE X<br>Nenhum diz não |
|---|---|
| PARA TODO X, PHI DE X<br>Todos dizem sim | NÃO-TODO X, PHI DE X<br>Alguns dizem sim, mas não-todos |



O gozo é aquilo que, na estrutura do sujeito, se impõe por causa da existência da linguagem e da ineludível imersão do vivo nela. O prazer é suscetível à gradação, mas o gozo não. Afirma-se sem moderação de gradações. As fórmulas da sexuação tentam escrever a diferença da abordagem da função fálica, a qual se constitui porque existe o gozo chamado sexual. O gozo não é uma dobradiça que articula os participantes do ato sexual. Há, ali, heterogeneidade:

> Vocês, não, porque é justamente como significantes que vocês se tornam sexuados. Não se trata de marcar o significante-homem como distinto do significante-mulher e de chamar um de *x* e o outro de *y* (...) toda vez que eu lidar com esse significante sexual, isto é, com esse algo que se relaciona com o gozo, estarei lidando com $\Phi x$[22].

que é o que obtura a possibilidade da relação sexual.

Essas palavras de *...ou pior* permitem pensar o seguinte: se homem, mulher, trans, gay, lésbica são significantes, a questão da diferença dos sexos e a impossibilidade da relação se colocam no nível do Outro como sexuado. O erotismo nos leva à alteridade, ao Outro. Mas o que o faz Outro enquanto sexuado? Quando, no início do seminário, Lacan afirma que há ao menos um que diz não à função fálica, escreve *aumenozum*, no feminino. Diz que é para destacar a semelhança da escrita com *erreur* – também no feminino – que, daí em diante, será um traço sobressalente do que vai caracterizar a questão da diferença dos sexos. Esse *erreur* consiste em "reconhecê-los somente em função de critérios formados na dependência da linguagem, se admitirmos que, como proponho, é justamente porque o ser é falante que existe o complexo de castração"[23].



Os sexos parecem se dividir em número quase igual de indivíduos, mas isso não faz parte de uma lógica – que é o que Lacan está tentando construir: "Eles só se reconhecem como seres falantes ao rejeitarem essa distinção através de toda sorte de identificações, as quais é moeda corrente da psicanálise perceber que constituem a mola mestra das fases de cada infância"[24].

Ele também insiste em assinalar que não são eles que se diferenciam, mas são diferenciados conforme aquilo que já estava inscrito nos pais. Efetivamente, ele/ela estão em todas as línguas, mas faz-se necessária a assunção subjetiva, ou seja, a ineludível assunção de sexo, essa para a qual cada um se autoriza de si. Como já mencionamos, a posição sexuada será construída ao longo da história singular do desejo do sujeito, das identificações, das fixações de gozo e da encarnação dos significantes no corpo. Muitas vezes, nos sujeitos trans, encontramos a própria assunção sexual sintomatizada.

## A universal função fálica

As funções das fórmulas desconstroem o essencialismo, dado que somente se trata de se tal x da função a verifica, independente do ser falante de que se trate e, muito menos, de seu sexo biológico. A universal "para todo (x), phi de (x)", que afirma que não há sujeito sem referência fálica, não é mais do que uma referência universal para todo ser falante. O interesse das fórmulas está nas existenciais. Cada existencial, tomada por essa universal que a inscreve como ser falante, tropeça, falha, de maneira particular a universal função fálica. Assim se funda como sujeito particular, ou seja, sexuado.



Desse modo, restam dois lados das fórmulas que se especificam como o gozo fálico e o gozo não-todo fálico, porta aberta a esse "outro gozo, se houvesse". Do lado esquerdo, ao menos um diz que não à universal função fálica. É um dizer de exceção que permite que a universal possa se formular. Desse lado, trata-se de um conjunto fechado, consistente e incompleto. Lacan insiste que o "todo" tem como exigência lógica a necessidade de se constituir através da exceção. Nesse sentido, a existência de ao menos um que diz não garantiria que o gozo sexual é possível, mas limitado. Do lado direito, é um fazer não-todo com a função fálica. Resta um conjunto aberto, inconsistente e completo. Um lado não é o inverso do outro; há assimetria. Também não se trata da construção de dois universais.

Ao interrogar a função fálica do lado direito das fórmulas, Lacan afirma: "(...) se houvesse um outro gozo que não o fálico, não teria que ser aquele (...) Se houvesse outro, não deveria, não teria que ser aquele (...) se houvesse outro, mas não há outro gozo que não o fálico (...) É falso que haja outro, o que não impede que o resto da frase seja verdadeiro, isto é, que não teria que ser aquele"[25]. Então, não mais que um gozo – o fálico. Descarta-se que haja dois. Esse "outro gozo" invoca algo que não pode ser capturado dentro da significação. Não tem lugar em si, serve para apreciar a consistência da universalidade do gozo fálico. É inacessível. Se fosse um, poderia inscrever-se em uma relação. Não é outro, mas é preciso levá-lo em consideração. Lacan declara esse gozo inexistente, o que será a marca da inexistência da relação sexual.

O esforço de Lacan com suas fórmulas é fazer com que a inexistência possa ser representada nos símbolos.

Em outras palavras, se existisse outro gozo que não o fálico, não poderia ser formalizado em matema, escaparia à captação simbólica de um saber. Essa parte não determinada pelo gozo fálico fica indeterminada, não pode ser caracterizada por um traço. Nesse sentido, não é sintônica com a ordem das identificações. Esquerda e direita não estão no mesmo nível, não são comparáveis. É por isso que, de alguma maneira, dizem que não há relação sexual. Essa leitura das fórmulas implica uma desvinculação entre sexo e sexuação, já que não é o sexo biológico que determina quem pode se situar em uma ou outra posição de gozo. Também propõe uma desvinculação entre sexuação e gênero. O gênero seria aquilo que se dirime no terreno das identificações.

Nesse sentido, optamos não fazer uso da parte de baixo das fórmulas, isto é, as que estão por baixo da barra horizontal. Fazemos isso com o objetivo explícito de produzir essas desvinculações entre sexo, gênero, sexualidade e sexuação. Efetivamente, como o próprio Lacan diz em *Mais, ainda*, a parte de baixo das fórmulas é da ordem das identificações e queremos afirmar que esse outro nível de jogo das identificações não se relaciona termo a termo – dado que tem sua própria lógica, incluída a do fantasma – com o quadrângulo superior das fórmulas. Nesse sentido, estamos de acordo com a frase já citada de Butler: "Não há linhas diretas expressivas ou causais entre sexo, apresentação de gênero, fantasia e sexualidade"[26].

Para terminar, uma nova referência de *...ou pior*:

> É, muito precisamente, o que lembrei há pouco da castração, sublinhando apenas que é exigível que ela não se reduza à anedota de uma fala ouvida. Sem isso, por que isolá-la e lhe dar o privilégio de sabe-se lá que trauma ou eficácia de hiância? Está muito claro que ela nada tem de anedótica, que é rigorosamente fundamental naquilo que não instaura, mas impossibilita o enunciado da bipolaridade sexual como tal[27].

Pensamos que a afirmação "não há relação sexual" é uma posição ética e um enunciado que cumpre sua função dentro do discurso da psicanálise. O exercício do erotismo nos conduz ao Outro, à alteridade. Pode haver encontros, e os há, mas fica, em certo ponto, velado o que faz do Outro tal enquanto sexuado. Assim se revela o excesso da sexualidade em sua relação com o simbólico, ou seja, a própria incompletude do simbólico que não pode produzir saber sobre esse excesso.

# *Trans*, entre sexo e gênero

Mariano Daquino

Assistimos à conjuntura particular de uma época em que a transexualidade e os sujeitos transexuais ganharam, no meio social, visibilidade respaldada pela sanção de leis que legitimam sua existência e seu desejo de ser reconhecidos e nomeados conforme a identidade genérica à qual dizem pertencer.

A transexualidade define os sujeitos que biologicamente pertencem a um sexo, mas que manifestam, em termos de gênero, pertencer a outro e, em função disso, empreendem um processo de "transexualização" com o qual modificam suas características físicas através de tratamentos hormonais e, em alguns casos, cirúrgicos. Esse fenômeno é, no DMS IV – CID 10, conhecido como Transtorno de identidade sexual e, no DSM V, se encaixa nos Transtornos da identidade de gênero e na Síndrome da disforia de gênero – também chamada Síndrome de Harry Benjamin, em homenagem a um dos médicos precursores no tratamento dessas questões.



Atualmente, graças às teorias de gênero e à teoria *queer*, para as quais tanto as identidades sexuais quanto as de gênero partem de construções socioculturais que nada têm a ver com determinantes biológicos, o termo transexual está sendo eclipsado pelo de "transgênero". Desse modo, se altera algo que diz respeito ao sexo com algo que toca o gênero. Propõem uma desvinculação entre o sexo, o gênero e as identidades, sem nenhum tipo de correlação natural. É o que, nas palavras de Rithée Cevasco, em seu livro *La discordancia de los sexos*[1], podemos chamar de "lição do transexual".

Precisamos diferenciar e circunscrever esses termos. Para isso, farei referência à diferenciação que realiza Cevasco em seu trabalho já citado: o sexo é tudo aquilo que parte da diferença anatômica em termos cromossômicos, hormonais e gonadais. Essa é a distinção feita considerando-se a diferença genital que divide os sexos entre macho ou fêmea, estabelecendo uma primeira marca na identidade de um sujeito, e que apresenta algumas variações como os *intersex* – hermafroditas, em termos médicos.

Gênero é um conceito utilizado em função da atribuição de identidades e papéis sociais com base na bipartição sexual: homem/mulher, masculino/feminino. Supõe-se que essa noção daria conta de englobar as condutas sociais/sexuais atribuídas a homens e mulheres de acordo com o que cada cultura determina como "esperável", considerando desde modelos sociais e ideais até pautas e normas de conduta.



Na transexualidade há um movimento que vai do sexo ao gênero e que tem consequências clínicas. É cada vez mais frequente sujeitos *trans* manifestarem sua discordância em termos de gênero, e não de sexo biológico. Em outras palavras, esses sujeitos se reconhecem como pertencentes a um sexo, mas isso não ocorre quando se trata do gênero autopercebido. Muitos abandonaram as antigas fórmulas "ser uma mulher presa em um corpo de homem" ou "ser um erro da natureza", as quais também os encerravam em categorias nosológicas psicopatológicas.

Essa mudança faz com que tenhamos que prestar atenção a fim de evitar uma *patologização* das identidades *trans* como pressuposto na cura. Devemos lembrar que se trata de sujeitos que, em diferentes discursos, inclusive no psicanalítico, foram abolidos como tal e tomados como objeto de estudo. Foram poucos os que se dedicaram a esse tema, tentando situar um sujeito mais além de um diagnóstico, aspecto que, mesmo necessário à direção da cura, pode funcionar como resistência do lado do analista obstaculizando a escuta.

É neste ponto em que quero situar o conflito: os sujeitos *trans* resistem a ser encaixados em uma categoria diagnóstica, motivo pelo qual, em muitos casos, essa resistência é evidenciada como impossibilidade de dirigir sua demanda a um analista.

## Psicanálise: sexuação e psicose?

A psicanálise se constitui em torno de dois grandes postulados: o inconsciente e a sexualidade infantil. A grande aposta freudiana foi ter teorizado e conceitualizado, especialmente no magnífico texto *Três ensaios sobre a teoria da sexualidade*[2], a existência da sexualidade desde os primeiros anos da vida, propondo uma subversão da lógica que abordava o sexual em plena época vitoriana.



Com Freud, a sexualidade se afasta do mero viés da união das células genesíacas como fim e se converte, aliada aos conceitos de pulsão e de objeto, em uma manifestação da vida anímica dos sujeitos que está presente em todas as instâncias do desenvolvimento. Já não se trata somente de uma dimensão biológica-filogenética que aponta à conservação da espécie como instinto natural. Freud desconstrói qualquer relação de conaturalidade entre o sexo, a pulsão e a escolha de objeto, sendo o objeto da pulsão bastante variável e não existindo nenhum tipo solda entre ele e a libido. Por isso, podemos dizer que Freud foi o primeiro a propor uma necessária desvinculação entre sexo, gênero e sexualidade.

Outro conceito que toca e subverte a sexualidade em psicanálise é o de sexuação. Lacan cunhou esse conceito para dar conta do modo como a diferença sexual, em seu aspecto mais genérico e, ao mesmo tempo, singular, se estabelece segundo os modos de gozo (fálico e não-todo fálico). A sexuação concerne a uma escolha inconsciente do sujeito que articulará o real do corpo, as identificações resultantes do Édipo, as fixações de gozo e a resposta à castração – seja que se a aceite, recuse ou desminta –, podendo o ser falante aceder a uma posição sexuada, a uma identidade sexual, e nela se autorizar, independente da diferença anatômica dos sexos. Essa será a tese de Lacan dos anos 70 em diante, quando estipula as fórmulas da sexuação e o axioma "não há relação sexual"[3].



Aprofundemos o que se entende, em psicanálise, por castração, diferença dos sexos e sexuação. É impossível que abordemos esses postulados sem mencionar o falo enquanto conceito primordial da psicanálise e em torno do qual giram essas noções.

Em *A organização genital infantil*, Freud afirmará que o interesse pelos genitais e o fazer genital na vida sexual das crianças adquirem significatividade dominante para ambos os sexos:

> (...) a característica principal dessa 'organização genital infantil' (...) consiste no fato de, para ambos os sexos, entrar em consideração apenas um órgão genital, ou seja, o masculino. O que está presente, portanto, não é uma primazia dos genitais, mas uma primazia do *falo*[4].

Tanto no pequeno menino quanto na menina, com o estatuto do falo, a diferenciação sexual anatômica adquire um conteúdo e uma dimensão simbólica universal, expressa na lógica presença-ausência do falo, ou seja, falo-castrado.

Com essa lógica, Freud[5], um ano depois, assinalará que a queda da organização genital da criança se organiza em torno de uma ameaça de castração. No menino, a possibilidade de perda do pênis se constrói frente à percepção da ausência do órgão na menina e ficará enlaçada no complexo de Édipo. É na aceitação da castração como algo possível que o complexo de Édipo no menino tem seu fundamento. Na menina, por sua vez, Freud nota que, ao perceber que não é portadora do pênis, se assume como castrada. Mais tarde, dirá que na menina o Édipo é secundário ao complexo de castração. A assunção da castração precede e prepara para o complexo de Édipo.



Masculinidade e feminilidade – quanto posições sexuadas e reconhecimento inconsciente, sexuação – seriam, na tese de Freud, consequências psíquicas da diferença anatômica dos sexos, que se enodam em torno da premissa universal do falo:

> A diferença entre o desenvolvimento sexual dos indivíduos do sexo masculino e feminino (...) é uma consequência inteligível da distinção anatômica entre seus órgãos genitais e da situação psíquica aí envolvida[6].

Jacques Lacan, em *A significação do falo*, afirma que o complexo de castração tem função de nó na instalação de uma posição inconsciente sem a qual o sujeito não poderia se identificar com o tipo ideal de seu sexo. Com a postulação do falo como significante, Lacan explica de que modo esse enodamento produz um sujeito. O falo é o significante privilegiado dessa marca inaugural que determina o sujeito enquanto desejante. Culminará dizendo que nos atendo "à função do falo, podemos apontar as estruturas a que serão submetidas as relações entre os sexos. Digamos que essas relações girarão em torno de um ser e de um ter (...)"[7].

Diana Rabinovich[8] indica que o falo, enquanto significante, organiza o ser, o ter e sua lógica. Porém, afirma que o significante falo não se tem nem se é, mas produz como efeito contrariar o que a biologia permitiria. É por meio do complexo de castração e da primazia do significante fálico que o sujeito encontrará uma posição sexuada que lhe permitirá, no que se refere ao inconsciente, identificar-se como homem ou como mulher, mais além da anatomia que o determina. A afirmação lacaniana versa da seguinte maneira: "É somente com base em fatos clínicos que a discussão pode ser fecunda. Estes demonstram uma relação do sujeito com o falo que se estabelece desconsiderando a diferença anatômica entre os sexos (...)"[9].

Acompanhando Lacan, poderíamos supor que a transexualidade é um desses fatos clínicos particulares que dão conta de uma relação com o falo independente da diferença anatômica entre os sexos. A questão que surge é de que modo ficará alojado o transexual no que se refere ao sexo e à sexuação – sendo essa entendida em termos de identidade sexual e de relação com o próprio sexo – e como isso se articula ao diagnóstico de psicose em psicanálise.

É importante assinalar que a consideração do trans no campo da psicose se dá no âmbito das elaborações lacanianas de *A significação do falo* e *De uma questão preliminar a todo tratamento possível da psicose*. Desse modo, presume-se que assumir uma posição sexuada implica o atravessamento do complexo de Édipo-castração pelo sujeito, obtendo o falo como significante primordial através da intervenção paterna, via operação da metáfora paterna.

Lacan dirá que o complexo de Édipo, enodado ao complexo de castração, tem função de normalização em termos da assunção do sexo e de normatização quanto à estrutura psíquica – neurose ou psicose, situando a última em um campo pré-edípico. Dirá que não há Édipo sem pai, estabelecendo a função do pai como normativizante e o pai como uma metáfora.



A função da metáfora será a de introduzir um sentido, uma significação, a significação fálica. É mediante a operação do Édipo e através da metáfora paterna que o sujeito pode se identificar com o tipo ideal do sexo. Da função paterna dependem, para o sujeito, a responsabilidade de se situar como homem ou como mulher via significante fálico e a resposta à castração em termos estruturais.

Catherine Millot e Claudio Godoy[10], em seus respectivos trabalhos sobre essa temática, afirmam que o sujeito transexual recusaria o significante fálico com a foraclusão do significante Nome-do-Pai. A foraclusão é a recusa, por parte do sujeito, do acesso ao simbólico – metáfora paterna, Nome-do-Pai, significante fálico –, através da ameaça de castração. Lacan dirá que o sujeito nada quer saber dela. A foraclusão do significante fálico é, para Lacan, mecanismo primordial da psicose, marcando sua diferença em relação ao neurose: "É (...) na foraclusão do Nome-do-Pai no lugar do Outro, e no fracasso da metáfora paterna, que apontamos a falha que confere à psicose sua condição essencial, com a estrutura que a separa da neurose"[11].

Em *De um discurso que não fosse do semblante*, Lacan coloca a transexualidade no campo da psicose e critica a teoria de um analista americano pioneiro na conceitualização e na clínica da transexualidade, R. Stoller. Em suas palavras:



> Chama-se Sex and Gender [Sexo e gênero], de um tal de Stoller. É muito interessante de ler, primeiro porque desemboca num assunto importante – o dos transexuais, com um certo número de casos muito bem observados, com seus correlatos familiares. Talvez vocês saibam que o transexualismo consiste, precisamente, num desejo enérgico de passar, seja por que meio for, para o sexo oposto, nem que seja submetendo-se a uma operação, quando se está do lado masculino (...) Aprenderão também o caráter completamente inoperante do aparato dialético

> com que o autor do livro trata essas questões (...) Uma das coisas mais surpreendentes é que a face psicótica desses casos é completamente eludida pelo autor, na falta de qualquer referencial, já que nunca lhe chegou aos ouvidos a foraclusão lacaniana, que explica prontamente e com muita facilidade a forma desses casos. Mas não tem importância[12].

Se a sexuação depende da passagem do sujeito pelo complexo de Édipo-castração via metáfora paterna – cujo resultado é a obtenção do significante fálico que garante uma identificação ao ideal do sexo –, é através do significante fálico que se produz a passagem de um corpo biológico para um corpo sexuado – em termos de identidade, adequação –, a assunção de uma posição sexuada, como homem ou como mulher, e a regulação do gozo.

Na psicose, por causa da foraclusão do Nome-do-Pai, essa passagem não se produz. O sujeito psicótico fica posicionado em um gozo que, de acordo com as fórmulas da sexuação, ficaria vinculado ao gozo feminino, configurando o que Lacan chamou de empuxo à mulher na psicose. O empuxo à mulher é um efeito da recusa do significante fálico: o sujeito se vê induzido a uma feminização quanto aos modos de gozo. Ao ficar seu gozo fora da regulação fálica, se vê empurrado a um gozo desregulado.



Geneviève Morel[13] estabelece a sexuação em três tempos lógicos. O primeiro tempo é o da diferença anatômica natural, a sexuação a partir do biológico, em que a anatomia se impõe ao sujeito. Dirá que esse tempo ganha seu valor no segundo, que corresponde ao do discurso sexual. O segundo tempo interpreta o sexo da natureza em termos da linguagem, do significante, ou seja, o que o discurso dos outros diz sobre o que significa ser um homem ou uma mulher. Esse tempo implica, para a autora, uma escolha: inscrever-se ou não sob o significante mestre do discurso sexual, o falo, cujas consequências já mencionamos, a assunção do sexo e a saída pela neurose ou pela psicose. O terceiro tempo, por fim, corresponde à escolha do sexo, homem ou mulher, no que se refere a dois modos de se posicionar quanto ao gozo segundo as fórmulas da sexuação, o gozo do homem como fálico e o gozo da mulher como não-todo fálico.

O sujeito transexual, para Morel, estaria situado em uma recusa da correlação entre os tempos um e dois: recusa interpretar sua natureza em relação ao significante fálico em termos de foraclusão – psicose. O transexual denuncia um erro na articulação dos dois primeiros tempos, isto é, em relação à determinação anatômica e à não escolha da inscrição fálica foracluída por ele. Segundo a autora, a feminização forçada – o empuxo à mulher – pode ser vivida, fenomenologicamente, como uma transformação corporal ou exigir uma castração real. Afirma, seguindo Lacan em *...ou pior*, que a loucura transexual consiste em querer corrigir a anatomia mediante cirurgia para reparar esse erro da natureza: ser uma mulher em um corpo de homem. Em outras palavras, na falta de inscrição da significação fálica e de sua articulação com a assunção do sexo como homem, o sujeito transexual buscará adaptar sua anatomia à sua posição na sexuação, recusando o falo como significante. Eis a tese de Morel.

Lacan, em *...ou pior*, afirma que um órgão se funda como instrumento na medida em que é um significante – algo que diz o que é – e continuará dizendo que a paixão transexual é a loucura de querer se livrar não tanto do órgão, mas do significante que o representa. Há um erro comum que consiste em confundir o órgão real – o pênis – com o significante fálico que o representa. A eliminação real do órgão é consequência da recusa foraclusiva do significante fálico. Sobre o transexual, Lacan dirá que "existe apenas um erro, que é querer forçar pela cirurgia o discurso sexual, que, na medida em que é impossível, é a passagem do real"[14].

Como podemos extrair dessas leituras, em psicanálise e para alguns analistas, a transexualidade ficaria articulada com a psicose na medida em que se estabelece a posição transexual a partir da não assunção da sexuação, mediante a recusa do significante fálico e na demanda de correção cirúrgica desse "erro".

Podemos nos perguntar se há algo que, a partir da psicanálise, podemos oferecer às pessoas *trans* mais além de um diagnóstico. O diagnóstico, entendo, advém de uma leitura que amarra a significação fálica com as fórmulas da sexuação, achatando-as a um nível de correlação e correspondência anatômica, situando ali o lado macho e o lado fêmea, quando, na realidade, a distinção que Lacan faz é em termos do gozo e do modo como cada falasser se relaciona com o gozo conforme a posição sexuada – masculina ou feminina –, independente da referência anatômica.

Omite-se um deslocamento que vai do falo como significante ao falo como função. Rithée Cevasco afirma que é preciso distinguir a significação fálica da função fálica, a castração. Castração que não é a mera imaginarização da perda do órgão em questão, mas, essencialmente, a do Outro materno, aquela que é inerente ao ser humano e que inscreve a imersão do organismo na linguagem, advindo um *parlêtre*, um falasser, e incluindo a sexualidade nos desfiladeiros do significante. A castração, em sua função, se estende a todo ser que fala e já não se reduz à significação fálica e ao correlato anatômico. Essa é a tese das fórmulas da sexuação. As posições sexuadas em relação ao gozo, então, são modos de responder à castração e modos de fazer com o real da sexualidade, com a impossibilidade de escrever a relação (de proporção) sexual.

## Geral-particular: insondável decisão do ser

Há chegado o ponto do percurso no qual preciso me posicionar sobre a clínica da transexualidade. Enfatizo clínica porque é a partir desse lugar que me autorizo a dizer algo a respeito, pois atendi e atendo pessoas *trans*.



Existe uma patologização *per se* das identidades transexuais. É um pressuposto comum tanto à psiquiatria quanto à psicopatologia e à psicanálise. Parte-se, antes de mais nada, de uma categoria diagnóstica e, a partir disso, cada qual se dispõe a trabalhar o tema, seja teorizando, formalizando ou dando-lhe um estatuto de universalidade no campo da psicose.

Li uma proliferação de "casos Schreber", na bibliografia psicanalítica, que abordam a questão da transexualidade. Digo abordam porque não se pronunciam sobre um tratamento clínico da transexualidade. Todos sabem que o presidente Schreber não foi paciente de Freud, mas esse se baseou em suas memórias para abordar seu caso. Com esse viés, muitos freudianos se autorizam a diagnosticar como psicóticos todos os transexuais, encaixando os sujeitos em conceitos teóricos.

Entendo que não se trata de ajustar os sujeitos aos conceitos, mas de favorecer o aparecimento da subjetividade e evitar, com isso, cair em uma psicopatologização do transexual que levaria a um recurso foraclusivo naquilo que poderia ser o encontro de um sujeito *trans* com um analista. Como colocar em jogo, então, esses pilares teóricos frente à particularidade de cada caso? Como abordar a transexualidade a partir da psicanálise sem ser capturado por categorias nosográficas que poderiam resultar na expulsão desses sujeitos do dispositivo analítico?

Algo mais pode ofertar um psicanalista causado pela clínica do singular, do particular, e que tenta situar ali um sujeito. O modo freudiano por excelência, que deu origem à psicanálise, foi inverso ao anteriormente mencionado. A partir da clínica, Freud disse, desdisse, formulou e reformulou a psicanálise. A clínica vai modelando a formalização teórica que podemos fazer dela e com ela. É com esse postulado que me oriento na oferta do dispositivo analítico.



Mais além de uma categoria diagnóstica na transexualidade, Lacan fala de um "enérgico desejo" no transexual. Colocá-lo a trabalhar também dependerá do desejo do analista, de sua neutralidade e de sua abstinência, acrescento, nosológica. Existe nesses sujeitos uma insondável decisão do ser, de ser de outro gênero e/ou de outro sexo. Gostaria de retomar a fórmula de Lacan em *Formulações sobre a causalidade psíquica*[16] para fazer uma primeira proposta: deixá-los ser tal como são. Ir ao um por um, deixar-se interpelar pelos sujeitos transexuais e escutar o que têm para dizer, não foracluí-los de antemão do dispositivo analítico em prol de adequá-los aos postulados teóricos.

Uma segunda proposta é que possamos conceber a sexualidade como um modo outro de responder à castração e de fazer com o real, com a impossibilidade de escrever a relação sexual e, dessa forma, poder passar de "a transexualidade", enquanto universal, a cada sujeito transexual, ao um por um, enquanto singular. Frente ao universal, que poderia ser postulado em termos lógicos como todo *transexual é psicótico*, proponho o particular negativo, *não-todo transexual é psicótico*. No caso de que algum não o fosse, não seria a psicose um modo de resposta à castração, assim como o são a neurose e a perversão?



Rithée Cevasco[17], de modo lúcido, adverte que a singularidade do *não-todo* é garantia de uma não fixação à política identitária imposta pelo todo da normalidade, da *norme male*[18] – a norma masculina ou a norma mal, segundo a homofonia do francês –, o normalizado e, acrescento, normativizante no e do discurso dominante, a meu entender heteronormativo, que pode ser duplamente segregativo e nocivo para uma singularidade posta em jogo. Em outras palavras, o discurso dominante postula que o normal são aquelas identidades *não-trans*, segregando nessa afirmação a singularidade do *não-todo* que representam as identidades transexuais, com o risco do que uma afirmação desse tipo possa implicar em termos segregativos, políticos e clínicos.

Para concluir, quero recordar o que Lacan disse sobre a autorização na posição sexuada. Cito:

> (...) o ser sexuado não se autoriza a não ser por si mesmo. No sentido de que pode escolher, quero dizer que, aquilo ao qual nos limitamos para classificá-lo homem ou mulher no registro civil, não impede que ele possa escolher. Isso, certamente, todo mundo sabe. O ser sexuado não se autoriza a não ser por si mesmo; mas, eu acrescentaria: e por alguns outros[19].

Mais além da classificação do sexo no registro civil, que limita o homem ou a mulher conforme a referência anatômica, existe a autorização que cada sujeito, em termos de escolha, pode fazer de seu ser sexuado. Está também em nós, analistas, que decidamos encarnar ou não esse "alguns outros".

# Dois

Sonia Alberti

Por que, para a psicanálise, há apenas dois sexos? Questão que se coloca de forma urgente, para demonstrar que, em nosso discurso, não é de gênero que se trata, mas do sujeito sexuado em uma Outra cena. Assim, não é que a psicanálise desdenha da questão de gênero, mas seu objeto é outro. E é isso o que visamos tratar.

## Introdução

Para Lacan, a lógica é a ciência do real[1]. Em seu Seminário *...ou pior*[2], levanta a hipótese de que Aristóteles já o sabia. Ele o sabia a partir do momento em que propunha uma disjunção entre a lógica e a verdade. Ou seja, a partir do momento em que, em um silogismo, propôs a substituição de um termo (homem / mortal / Sócrates) por uma letra (a / b/ c) e, ainda mais que isso, tal substituição permitiu equivaler letras com letras (c é a, c é b): "Todo homem é mortal. Sócrates é um homem". Logo, "Sócrates é mortal" foi substituído por "a é b. c é a. Logo, c é b".

Com Aristóteles, se qualificou

> dois desses termos – aqueles que fazem a conexão – de médios, através do que é possível estabelecer uma relação entre os dois extremos. É nisso que, de saída, desde o começo, (...) não se trata do verdadeiro, pois pouco importa se o animal é branco ou não (...), o importante é que alguma coisa seja articulada graças a que, introduz-se, como tal, o Real[3].

Depreende-se, além disso, que Lacan distingue aqui – poderíamos até propor, contrapõe – o verdadeiro do Real e é por isso que lhe vai tão bem a lógica: nela, o verdadeiro é apenas V, uma letra, diferente de F, falso. Duas letras que reduzem a verdade. Quando introduz a discussão do sexo referido à lógica, ou seja, nos anos 1971-1972 de seu ensino, observa: "Que o sexo é real, não há a menor dúvida. E sua própria estrutura é o dual, o número *dois*"[4].

Se para o silogismo aristotélico – articulado à lógica como ciência do real –, Lacan observa que não importa se o animal é branco ou não, então, para o sexo – articulado à mesma ciência do real –, não tem a menor importância o fato de o parceiro ser do mesmo ou de outro sexo anatômico ou de qualquer outra substância biológica. Referir o sexo ao duelo.é um jogo, uma equivocação, mais audível em francês: duelo, em francês, *duel*, equivoca com *duelle* em "a relação *dual*". Em se tratando de estrutura, da estrutura do sexo, o fato de ela ser da ordem do duelo é justamente a razão de ela não ser dual, mas dois, em que pese o fato de esse dois implicar a diferença radical do Um.



No campo da lógica que interessa Lacan a ponto de fazê-lo buscar auxílio tanto na Teoria dos conjuntos, a partir de Cantor, quanto nos desenvolvimentos que partiram da lógica clássica, dita aristotélica, desenvolve-se a lógica paraconsistente que permite observar haver, de um lado, o Um, e, de outro, o impossível. Tal lógica é desenvolvida fundamentalmente por Gödel que, com seu segundo Teorema da Incompletude, leva à conclusão de que a Teoria do Tudo é impossível: qualquer formulação axiomática da teoria dos números inclui proposições indecidíveis. Então, se o Um é o ponto de partida de todo número e, por sê-lo, produz outro, o dois, esse, por sua vez, é o impossível. Tentemos entendê-lo.

## O Um é

Em 1979, Douglas R. Hofstadter, publica *Gödel, Escher, Bach: An eternal golden braid*[5] – uma eterna trança dourada –, que vence o Prêmio Pulitzer em 1980. Nesse livro, lê-se que a razão pela qual não nos é possível entender nossa própria mente, do mesmo modo como não podemos ver nossos rostos com nossos olhos, é que "não podemos espelhar nossas completas estruturas mentais nos *símbolos* que as realizam" (grifo meu) e isso garante que não possamos jamais representar-nos a nós mesmos totalmente.

É isso também que Lacan conclui, a partir da lógica paraconsistente, nos anos 1970 de seu ensino, momento em que ele próprio desenvolve sua teoria dos nós que associa à trança, justamente[6]. A trança, composta de ao menos três tiras borromeanamente entrelaçadas – consistindo no Real, no Simbólico e no Imaginário –, é esse impossível porque, com ela, cada uma dessas consistências é furada pela outra. Isso também leva a que cada uma delas é uma e que, nesse seminário, Lacan considere o três como sendo o Real, por implicar o furo.



Partamos do Um, que não é sem grande complexidade. Lacan o desenvolve desde 1961 quando, em seu seminário *A identificação*[7], retoma o riquíssimo texto *Parmênides* que, no século 4 antes de Cristo, foi redigido por Platão como um diálogo, liderado mais de oitenta anos antes, pelo filósofo Parmênides, cujo nome o intitula. Se há aprofundados estudos sobre a datação do suposto diálogo, não são conclusivos, devido à distância que nos separa dele no tempo e aos poucos registros escritos, daquela época, a que ainda temos acesso hoje.

O pano de fundo do texto de Platão, que viveu entre 428-7 e 328-7 a.C., teria sido um encontro ocorrido entre Parmênides (que nasceu, provavelmente, entre 530 e 515 a.C. e viveu mais de 65 anos), Sócrates (que viveu entre 470/69 e 399 a.C.), Zenão (nascido aproximadamente em 490 a.C., vivendo até, mais ou menos, 430 a.C.) e o avô de Platão, de nome Aristóteles – que não é o seu pupilo que viria a se tornar o grande filósofo que conhecemos e que viveu entre 384 e 322 a.C. Teria sido de seu avô que Platão acabou tendo notícias desse diálogo ocorrido antes de seu nascimento?

O eixo central do diálogo diz: O Um é. Platão o divide em duas partes, a segunda consistindo em exercícios que visam preparar respostas para as perguntas levantadas



na primeira. Nessa, se discutem questões que derivam do ensino do próprio Platão sobre a Ideia, em particular, o uso dos conceitos fundamentais de "muitos" e "um" que levam a paradoxos quando se toma as Ideias como entidades próprias e, em consequência, produzindo fenômenos.

A questão que interessa Lacan no *Parmênides* de Platão é o debate em torno do conceito de um, tanto como o que funda a existência de cada coisa como um, enquanto ideia, significante, traço e também letra – conforme o momento em que Lacan articula essas questões no próprio ensino –, como também a noção de muitos que, no diálogo de Platão, pode ser dito, na realidade, uns.

Acompanhemos um pouco o início da discussão:

> Como é que você entende isso, Zenão: se os seres são múltiplos, é preciso que sejam tanto semelhantes quanto dessemelhantes entre si, não é? Ora, isso é impossível, pois o que é dessemelhante não pode ser semelhante, nem o que é semelhante pode ser dessemelhante. Não é isso o que você entende? – É isso mesmo –, respondeu Zenão. Se então é impossível que o dessemelhante seja semelhante e o semelhante dessemelhante, também é impossível que as coisas sejam múltiplas, pois se as coisas fossem múltiplas, seria necessário afirmar coisas impossíveis[8].

O diálogo segue longamente, mas o ponto de partida é esse: o Um é. Para além disso, há o impossível. É claro que todo esse debate da Grécia antiga atravessou séculos, levando à aporia – não se resolveu –, e com as mais diferentes contribuições que não vêm ao caso aqui retomar porque apenas me interessa o início dele – em que se afirma que o Um é – para situar de onde Lacan partirá em sua afirmação: há o Um.



## Do Um que é para o há o Um

Levanto a hipótese de que a posição platônica, aporética – segundo a qual o Um é –, dista da posição lacaniana – segundo a qual há o Um – por dois motivos iniciais:

1) O Um é implica o Ser. Apesar de isso não articular a proposta necessariamente a uma ontologia, é o que acabou acontecendo, fundando mesmo a filosofia que associa o ser ao saber. É a partir daí que Alain Badiou[9], principalmente, articula a psicanálise como anti-filosofia, justamente porque a psicanálise não se ocupa do ser do homem – o verdadeiro –, e sim com o ser falante, o que se representa pelo significante. Isso leva ao paradoxo ontológico que implica que o termo "sujeito" esteja ligado à falta-a-ser, esvaziado de identificações imaginárias, das racionalizações de um cogito filosófico e das esperanças substancialistas da biologia[10].

   Do mesmo modo que Hofstadter depreende do teorema de Gödel que é impossível representarmo-nos totalmente a nós mesmos pelos símbolos que realizam nossas estruturas mentais, Lacan depreende o falasser como produto da impossibilidade de representarmo-nos, sem furo, pelo Um traço, o significante. A psicanálise é então anti-filosófica por isso, por propor o ser não do lado do saber, mas do lado do real – o que é impossível de saber, mas o que, no entanto, se formaliza . Formaliza-se a partir do quê? Do que Lacan identifica como a ciência do real, ou seja, a lógica. É então pela via da lógica que Lacan propõe não o Um é, mas há o Um.



2) Para Lacan, o *Parmênides* de Platão termina por chegar na incompatibilidade do Um com o Ser. Senão, vejamos: "É a lógica do 'Ετερος que se deve acionar, sendo digno de nota que nela desemboque

o *Parmênides*, a partir da incompatibilidade entre o Um e o Ser"[12]. Ou seja, ao contrário da Filosofia que deriva o Um de uma necessidade ontológica universal, Lacan deriva o Um do *heteros*, ali onde acabou chegando o próprio *Parmênides* de Platão.

Para começo de conversa, Lacan deriva o Um da heteridade que faz exceção: o Um pai de *Totem e tabu*[13], de Freud, o Orangotango – como se expressa em O *Aturdito*[14] –, é a exceção que faz existir o universal segundo o qual todos são submetidos à função fálica. Desse fato deriva que, necessariamente, somente poderá haver castrado e não castrado. A partir daí, o Um da heteridade implica o dois, o não-todo, o Outro sexo – que pode ser ou não branco, ou seja, que não tem nenhuma qualidade de verdadeiro, como vimos no início, que não tem nenhuma substância biológica mesmo se, durante séculos, era identificado como sendo a mulher.

Esse Outro sexo, esse dois, não é um dois que se associa ao Um. Ao contrário, é um dois impossível e que só se associa ao Um no imaginário de fazer Um, no imaginário do amor dual, furado na mais reles experiência: não há relação sexual, isso não funciona.



## O Homemsexual

É a partir da fala de um adolescente, Bruno, que retomo a fórmula de Lacan. Um adolescente em atendimento por pouco mais de um ano, que diz, sem nunca, evidentemente, ter lido ou ouvido falar de Lacan: "eu resolvi colocar um alargador na orelha. Aí, minha mãe pirou. Ela pensa que eu vou virar *bicha* por causa disso. Ela não sabe que a única coisa que eu posso virar é um *homemsexual*"[16]. Quando perguntado em sessão "O que é um *homemsexual*?", responde, um tanto inibido: "Ahh, um homem que faz sexo". Depois disso, fala sobre as "meninas oferecidas" da sua escola que dançam *funk* na hora do intervalo de uma maneira que "parece que elas estão fazendo sexo no pátio. Sexo com o ar... Você tem que ver a cara que elas fazem".

Bruno, por sua vez, tem uma namorada que é "tão virgem quanto" ele próprio e "isso dá um certo medinho", conclui. Esse "medinho" decorre do que Freud, já em seus *Três ensaios sobre a teoria da sexualidade*[17], observava quanto à normalidade da vida sexual daquele que se aloca do lado esquerdo das fórmulas que Lacan, mais de setenta anos depois, identificaria como sendo da sexuação. É normal, diz Freud, haver duas correntes, uma é dirigida ao objeto sexual, a outra, à meta sexual – a primeira, sendo a terna; a segunda, a sensual. Em 1918, ao estudar a psicologia da vida amorosa no homem, Freud o aprofunda e o associa ao tabu da virgindade. O "medinho" de Bruno é, então, o medo diante da possibilidade de ambas correntes convergirem, provocando a angústia de estar totalmente avassalado à realização do encontro edípico, com o Outro materno.

Como observava Freud, para vencer o "medinho", o complexo de Édipo já teria que ter submergido, *untergegangen*, permitindo a Bruno já não identificar tal convergência com o incesto e poder associar tanto a corrente terna – dirigida ao objeto sexual – quanto a corrente sensual

– dirigida à meta sexual – em uma só e mesma pessoa, sua namorada "tão virgem quanto ele". Retomo-o com todos esses detalhes porque no bojo do grande debate hodierno é comum nos esquecermos dos fundamentos sobre os quais nos constituímos como pesquisadores, na clínica, mas sobretudo na hora de teorizar alguma coisa que permita responder a Lacan quando demanda que o psicanalista esteja em dia com a sua época, no contexto das necessidades do seu tempo.

Por ainda estar às voltas com a submersão do Édipo ou, como poderíamos também lê-lo, com a amarração borromeana do nó a partir do Nome-do-Pai – posto ser neurótico –, Bruno não pode ainda atravessar esse "medinho" que, no caso, não é nenhuma "frescura" – como equivoca o termo entre medo bobo e comportamento homossexual masculino –, mas efeito de seu momento na constituição subjetiva que detalharei a seguir:

1) o trabalho que a adolescência traz consigo, de elaboração da falta no Outro;

2) a necessidade de se preparar para o encontro com o real do sexo, o encontro com o Outro sexo, aquele que é *heteros*.



Enquanto trabalha e se preparara, Bruno se mantém na *homemsexualidade*, na homosexualidade (com um único "s"); não na heteridade, mas no mesmo, mantendo-se no Clube do Bolinha, onde hoje os *homemsexuais* adolescentes jogam seus jogos de videogame.

Retomando um debate que pude acompanhar entre Antonio Quinet e Gabriel Lombardi, quando a Comissão

Científica do II Simpósio Interamericano da Escola de Psicanálise dos Fóruns do Campo Lacaniano debatia suas estratégias, leio com Lombardi que, em *O Aturdito*, quando Lacan diz que o *homemsexual* pode ser heterossexual "se ele ama as mulheres", ele apenas está dizendo que esse *homemsexual* tem interesse por elas. "El *hommosexué* puede ser *hétérosexuel* si ama a las mujeres, lo cual, en francés, quiere decir: si les gusta, como cuando se dice 'j'aime le ragoût de mouton'"[19]. Ora, não é exatamente assim que os homens, quando no Clube do Bolinha, conversam sobre seus relacionamentos com mulheres, exprimem seu desejo: saborosa, comível, deliciosa, uma cabrita – só para nos mantermos na metonímia ovina do *ragout de mouton* (ensopado de carneiro) da frase de Lacan? Freud já chamara a atenção para a maneira pela qual, efetivamente, o *homemsexual* ama as mulheres.

E, como diz Lombardi, citando uma observação sobre um caso clínico: "precisamente por isso prefere estar com um parceiro do mesmo (homo) sexo. Angustia-se um pouco menos com isso. É assim que resolveu sua fobia/placa giratória da infância, quando às voltas com o 'y', por achá-lo parecido com a parte de baixo do corpo de uma mulher". Um sujeito fóbico, portanto, neurótico, que evita o encontro com o corpo de uma mulher que lhe causa muita angústia, escolhendo como parceiro um homem. Efetivamente, um *homemsexual*, como o é também aquele adolescente que toma a "menina maravilhosa" como parceira, quando se interessa pela moça com "uma bunda enorme".

Por ainda não ter finalizado esse trabalho que – como sabemos da clínica – pode durar anos ou mesmo décadas ou ainda a vida toda, Bruno acaba por terminar sua relação com a "namorada virgem". Opta por se dedicar mais às suas "missões no GTA"[20] e por manter, à distância, o encontro com o sexo, não sem deixá-lo no horizonte quando, por exemplo, uma "menina maravilhosa" com "uma bunda enorme" vem chamando sua atenção. Ainda não "chegou junto", pois diz com todas as letras: "não dá para investir nela e no jogo ao mesmo tempo. Só de ficar pensando deixo de concluir minhas missões... Imagina fazendo alguma coisa?".

A "menina maravilhosa" com "uma bunda enorme" é expressão somente possível a partir da posição que Freud pôde chamar ativa, característica da sexualidade masculina que toma o objeto de seu interesse como objeto parcial, implicando tanto a pulsão do olhar – pois ele apenas vê essa menina – quanto a corrente sensual disjunta da terna. Enquanto trabalha e se prepara, está entre homens nas mirabolantes missões do videogame que, no fundo, nada mais são senão a reprodução, no mundo virtual, do trabalho e do preparo que jovens em todas as épocas fazem e fizeram para, através da luta, da força, da ação, buscar a coragem necessária para não se verem sucumbir como sujeitos quando tiverem que enfrentar o Outro sexo, aquele que implica o duelo – como diz Lacan quando teoriza o sexo como real.



E a "bunda" é tão grande porque lhe permite velar a castração que o sexo feminino desvela[21]. Esses *homenssexuais*, ambos, Bruno e o caso de Lombardi, são angustiados, talvez "um pouco menos" do que se decidissem encarar de frente o que *recalcam*: a castração. Na realidade, só é possível encará-la via mediação de alguma maneira, o que já nos ensina o texto freudiano sobre a cabeça de Medusa no qual Freud[22] observa sua "regra técnica" (sic) segundo a qual "uma multiplicação de símbolos de pênis significa castração"[23].

Levanto a hipótese de que a virtualidade desse preparo abre a possibilidade de uma miríade de posições sexuadas, ao contrário do videogame em que tudo é um jogo e, por isso, é tão interessante. Não há verdadeiro risco, é mesmo possível se experimentar nas mais diferentes posições.

## O Outro sexo

Há o Um, o Um da exceção e, além disso, o um a um, enumerável que, compondo um conjunto, desde as primeiras teorizações da Teoria dos conjuntos que articula lógica e matemática, sempre implica um que não se conta[24], fundamento da estruturação do sujeito como *astrutura*, o sujeito que goza.



Com Freud, é a mulher que, por não portar o pênis, é vista como aquela que representa na cultura esse outro lado. Isso não quer dizer que uma mulher aí se situe, mas quer dizer que ela é considerada como ocupando esse outro lado. Cultural e historicamente, o lado que oferece a maçã do desejo – como se lê na Bíblia –, que liberta os seres falantes da absoluta submissão à castração.

A mulher, tantas vezes tida como o Outro sexo, faz as vezes aqui do que se conta por ser enumerável, repetição do que fura. "A repetição se coloca inicialmente como repetição do 1, como 1 da inexistência"[25]. Contando-a uma a uma, justamente, equivale ao número e esse, diz Lacan claramente, é real[26].

Ao aproximá-la da tartaruga de Aquiles, como sendo não-toda, não-toda dele, Lacan demonstra como esse enumerável implica o impossível, pois sempre faltará algo. O passo de Aquiles, o passo da tartaruga... o que

> Zenão não tinha visto é que a tartaruga, também ela, não está preservada da fatalidade que pesa sobre Aquiles – o passo dela, também, é cada vez menor, e não chegará jamais ao limite. É daí que se define um número, qualquer que ele seja, se ele é real. Um número tem um limite, e é nesta medida que ele é infinito. Aquiles, é bem claro, só pode ultrapassar a tartaruga, não pode juntar-se a ela. Ele só se junta a ela na infinitude[27]...

... e quanto ao infinito, é claro, sempre podemos imaginá-lo se quisermos dar-lhe alguma consistência, mas é só isso. O simbólico do Um, o real do incomensurável, e apenas o imaginário a velar essas limitações: assim esquematiza-se o gozar de um falasser sexuado.



## O dois e a castração

É por isso que, em psicanálise, há apenas dois sexos: o castrado e o que faz exceção à castração, que vem a ser Um. Apenas um não é castrado, o pai da horda primitiva, de *Totem e tabu*. É com isso que cada sujeito precisa lidar, podendo recalcar, desmentir ou foracluir a castração, conforme seja neurótico, perverso ou psicótico, respectivamente.

E apenas o Um existe. Há o Um, existe um X não submetido à castração, ao passo que, de resto, todo X está apenas a ela submetido, o que reafirma que só existe Um. Isso para o lado esquerdo das fórmulas da sexuação. Para o lado direito, não existe nenhum X que não seja castrado. Eles são castrados sem exceção, mesmo se, desse lado, cada X é *não-todo* – castrado. "Bem longe de dar a algum *todo* uma consistência, o *sem exceção* a dá ainda menos, naturalmente, àquilo que se define como *não-todo*, como essencialmente dual"[28]. "Dual" porque constituído, por um lado, conforme a castração – sem exceção – e, por outro, como não fazendo parte disso.

Por ser não-todo, é enumerável, um mais um mais um, indefinidamente um número, o real. Desse lado, identificado por Lacan como o lado em que o Um não existe (não existe nenhum X), é o lado do dois, inacessível, conforme Gödel[29], o lado em que Lacan identificava a Mulher que não existe.

"Castração quer dizer o quê? Quer dizer que tudo deixa a desejar, não quer dizer outra coisa. Para pensar isso, ou seja, pensá-lo a partir da mulher, é absolutamente necessário que haja um para quem nada deixe a desejar"[30]. Então, é esse ser não-todo, aquele que emana da *trança dourada*, que permite tanto a homens quanto a mulheres o acesso a uma liberdade que o mero submetimento à castração castra. Essa liberdade de se exercer sexualmente não é necessariamente uma liberdade de se relacionar sexualmente com homens e mulheres indiferentemente, porque a sexualidade, em psicanálise, não se reduz a relações sexuais. Mas é a liberdade de poder se relacionar com o Outro sexo, o que, para o adolescente Bruno, ainda dava um certo "medinho".

## O dois da pulsão

A sexualidade, em psicanálise, é energia psíquica, de investimento, referida às pulsões, referidas elas também sempre a duas posições: a atividade e a passividade, sendo que, para assumir a posição dessa última, não é menor o investimento de atividade, como diria o próprio Freud, quando observa que ser passivo, sexualmente falando, exige tanto de atividade quanto qualquer outra atividade. Lacan o corrobora em 1972, quando diz que o "comportamento da mulher mostra com clareza que sua relação com a função fálica é totalmente ativa"[31].

Mas, como dito, a liberdade decorrente do inacessível não implica, necessariamente, que homens e mulheres se relacionem indiferentemente com parceiros de ambos os sexos. Essa liberdade decorre justamente da diferença. E é essa última que nos orienta para uma singularização.

O exercício da sexualidade em psicanálise pode também ser sublimado – caso estudado por Freud, por exemplo, quando retomou as biografias de Leonardo da Vinci[32] –, dando acesso a múltiplos investimentos – da delicadeza da finalização de uma iguaria na cozinha à ferocidade exigida para tocar um concerto de Beethoven. Essas atividades podem ser exercidas por homens e mulheres, aliás, em muitas culturas – a nossa, em particular – foram normalmente exercidas por homens, porque às mulheres não era dado o direito de fazê-lo. Se ele foi conquistado, no século XX apenas (!), foi depois de muita luta, para o que, novamente, foi preciso muita atividade... Essa última é pulsional, isso que o ser falante tem no lugar do instinto animal, o qual, não poucas vezes, atesta, ele também, a atividade das fêmeas – são as leoas que vão à caça, e não os machos.

O fato de a entrada na linguagem ter matado o instinto, não significa que as mulheres não podem matar. Elas o fazem até com o olhar, o que os animais não logram senão quando se diz isso deles. Ao mesmo tempo, a entrada na linguagem implica que os homens podem amar – entre outras muitas coisas. E podem amar o saber, transferir, fazer análise. E, ao fazerem análise, eles podem vir a descobrir que são mais livres do que se acreditavam antes, de tal modo que, eventualmente, podem descobrir que o não-todo, o dois, abre inúmeras possibilidades até para com seus parceiros sexuais, o que, como observa Quinet, jogando com o título do famoso livro de Krafft-Ebing, *Psicopatia sexualis*[33], não tem nada a ver com uma psicopatologia sexualis. Ou seja, não tem nada a ver com a normatização médico-jurídica do século XIX – para a qual, aliás, seu autor escrevera o livro em 1886.



Mas tal liberdade só é possível levando em conta a castração: há o Um, o dois é incomensurável. Ao associar a lógica moderna ao inconsciente estruturado como uma linguagem, o que distingue o Um da exceção da incompletude e da consequente inconsistência, foi possível colocar em relevo o gozo do sujeito articulado à pulsão. Nas fórmulas da sexuação, encontramos, de um lado, ao menos um, e do outro, a inexistência. É essa inexistência que marca o um. Lacan nos ensina que é a partir da inexistência que Frege funda o número um. O um da repetição, o um da diferença, o um do gozo.

Aqui, já não se trata de masculino e feminino tomados como gêneros, nem tampouco de quantificar os gêneros. Trata-se de reconhecer que, por ser falante, por ser sujeito do inconsciente, eu posso cifrar o que for, quantas vezes quiser, porque haverá sempre o gozo do ciframento. Mas isso nada muda quanto ao fato de que há o Um, o Um da exceção que garante ao falasser a castração, a impossibilidade do todo, a abertura para o que deixa lugar ao desejo. O Um que, como o Um Pai de *Totem e tabu*, garante a cada sujeito o acesso ao desejo.

Nas palavras de Lacan:

> Zero e um, isso certamente dá dois no plano simbólico, isto é, desde que concordemos em que a existência se enraíza no símbolo. É isso que define o ser falante (...) Um ser, quando vem a ser apenas pelo símbolo, é justamente um ser sem ser (...) Pelo simples fato de falarem, vocês todos participam desse ser sem ser. Em contrapartida, o que se sustenta é a existência, na medida em que existir não é ser, é depender do Outro[34].



Daí que, para além do Um, há o d'eles, o d'eux, o dois. Mas esse dois não é pré-definido. Ao contrário, é o *une bevue*, que implica o amor, esse que pode sustentar o ser sem que ele se haja, o tempo todo, com o fato de ser um ser sem ser. Com o amor, o ser pode ser infinito.

# Semblante, gozo e fantasia: por uma transleitura da sexuação

Christian Ingo Lenz Dunker

Ainda não é certo o estatuto da teoria lacaniana da sexuação diante da problemática política e epistemológica representada pelas teorias de gênero. Isso decorre do fato de que o próprio entendimento das fórmulas da sexuação não pode ser considerado consensual entre os comentadores de Lacan. Em outro texto[1], apresentei a ideia de que essas leituras podem ser organizadas em dois grupos, conforme dois paradigmas divergentes, que se apresentavam em Freud em relativo antagonismo. De um lado, ele apresenta uma teoria sexual infantil conhecida como premissa universal do falo, segundo a qual a criança, inicialmente, acredita que todos os seres são dotados de falo, para gradativamente restringir essa hipótese aos seres animados e desses para os humanos, até chegar à última posição representada pela mãe. Retenhamos aqui que o falicismo universal é apresentado antes como uma teoria particular, ao lado da fantasia cloacal e da cena primária, para, só nos textos de 1923, adquirir estatuto metapsicológico de disposição universal à interpretação da diferença sexual e das corporeidades que lhes seriam correspondentes.



Pode-se argumentar que a descoberta do caráter universal do falicismo depende da convergência dos estudos clínicos, notadamente em torno da fobia, com a formulação de uma antropologia na qual a diferença sexual é remetida ao mito fundador da civilização apresentado em *Totem e Tabu*[2]. Contudo, remanesce a pergunta: o que seria o falicismo? Uma forma de gozo, um significante da diferença sexual ou uma fantasia especificada por um gênero narrativo bem específico que é a teoria – teoria sexual infantil? Essa diferenciação poderia ser contrastada com um segundo ponto de partida: que uma das ideias mais antigas, e mais permanentes de Freud, ademais de tomada de Fliess, afirma a disposição bissexual dos seres falantes. O monismo do falo se combina então com o dualismo da bissexualidade. Reunidos, os dois paradigmas geram o entendimento de que a castração é um operador que reinterpreta e dialetiza a incidência da falta entre atividade e passividade, entre fálico e castrado, entre masoquismo e sadismo e, ao final, entre masculinidade e feminilidade.

A ideia de que o dualismo inerente à gramática pulsional inspira o que certas feministas chamam de binarismo e que essa pressuposição informa a teoria psicanalítica dos gêneros, uma vez que se conecta com o binarismo do significante, tem levado a críticas que merecem nossa atenção. Recentemente, Rafael Cossi[3] mostrou que o ponto nodal da relação entre Lacan e o feminismo, de Simone de Beauvoir à Preciado, passando por Irigaray, Rubin e Butler, não está no anacronismo de teses como a libido masculina, a leitura da homossexualidade, o caráter normativo do sistema totêmico-edipiano ou o binarismo significante, mas na forma como se deve pensar o conceito de diferença.

A objeção mais simples aqui é que a tese lacaniana da não relação sexual, lida como não proporcionalidade entre os sexos, caracterizaria, ainda assim, um tipo de essencialismo binário, mesmo que não complementar. Teríamos uma espécie de leitura "cis" das fórmulas da sexuação. Chama-se cisgênero o sujeito no qual a identidade de gênero coincide com seu sexo biológico ou com sua designação social. *Cis*, em latim, quer dizer "do mesmo lado de", como em Cisjordânia – do mesmo lado da Jordânia – e Transjordânia – do outro lado da Jordânia. O cisgênero é "um conceito que abarca as pessoas que se identificam com o gênero que lhes foi determinado no momento de seu nascimento, ou seja, as pessoas não-transgênero"[4]. As leituras cis-gênero da sexuação entendem que os seres falantes se dividem em dois: os *homens*, que se inscrevem em um tipo de gozo (fálico) e em uma posição de fantasia específica (do lado do falo e como sujeitos divididos), e as *mulheres*, que se inscrevem em outro tipo de gozo (suplementar) e se colocam na fantasia na posição de objeto *a*, respondendo também pelo Outro barrado (Ⱥ).

*Homens* e *mulheres* não são, então, definidos por sua biologia corporal, mas significantes diferidos por sua relação ao falo, segundo uma dialética entre ter e ser. Assim, a teoria lacaniana do sujeito, da qual se deduzem as estruturas clínicas, concerne apenas ao lado esquerdo das fórmulas da sexuação, que traduz o paradigma totêmico-edipiano em psicanálise. As mulheres, por sua vez, possuem uma dupla inscrição, tanto do lado fálico, onde se pronuncia a histeria, e também no lado não-todo--fálico, de onde se extraem consequências clínicas para certos modos de sofrimento, como a devastação (*ravage*).

Dessa leitura, surgem perguntas como: alguém pode alterar sua inscrição de gozo? De que forma o tratamento psicanalítico incidiria sobre as inscrições de gozo? Como a teoria da sexuação se relaciona com a problemática dos gêneros, da experiência transexual, da intersexualidade ou das homossexualidades?

Toma-se como premissa da concepção lacaniana da sexuação a noção de letra e, consequentemente, a de leitura. Seria possível então inferir a existência de uma modalidade de leitura associadas às consequências da sexuação? Ou seja, a existência de uma leitura "cis" das fórmulas da sexuação, isto é, uma leitura na qual a posição do sujeito é necessariamente vertical e sincrônica para os três andares? Uma vez de um lado, sempre do mesmo lado se poderia argumentar a existência de leituras transversais da sexuação?

Na leitura "cis", estar do lado "homem" significaria inscrever-se como semblante "homem", partilhar um modo de gozo no qual a existência de uma exceção (o pai da horda primitiva) articula-se com um universal (da castração) formando um conjunto e uma unidade. Estar do lado "homem" significa tomar a mulher como objeto *a* desde a posição de sujeito e deixar-se tomar no lugar de falo, ainda que o lado "mulher" não forme uma correspondência com o lado homem, uma vez que ele não escreve a formação de um conjunto, isto é, o conjunto aberto *d*A̸ mulher que não existe. Tal modalidade de gozo caracteriza-se pelo não-todo (*pas-tout*), envolvendo a conjugação de um segundo tipo de excepcionalidade (não há nenhuma que não) e não-toda mulher está inscrita na função fálica.

Podem existir homens, como *San Juan de la Cruz*[5], que se colocam do lado "mulher". Mas, quando eles o fazem, inscrevem-se triplamente no lado "mulher". De fato, o primeiro aspecto formal da sexuação é que ela se apresenta em três andares, e não em quatro ou em dois. Podemos dizer que, no primeiro e superior andar, encontramos uma divisão entre dois tipos de semblantes. Ambiguidade semelhante aparece quando Lacan afirma, tendo em conta o terceiro andar, que homossexual é todo aquele que ama as mulheres, independente de seu sexo biológico.

Cada andar corresponde a uma dimensão e cada dimensão presume uma articulação entre Real, Simbólico e Imaginário, assim como uma abordagem específica da linguagem. A ideia de *menção* alude à morada da linguagem (*mansion*) e ao poder designativo da linguagem (*mension*). O conceito de letra e suas noções conexas, como as de inscrição, traço, marca, bem como de significante e de discurso, tornam-se assim pré-requisitos para entender a teoria da sexuação.

O primeiro andar, por exemplo, parece estar ligado à noção de uso. Nele, "homem" ou "mulher" são fenômenos de linguagem definidos por experiências de reconhecimento e interpelação. *Homem* é aquele que se reconhece quando esse significante é evocado. Há tantas formas de fazê-lo quantas formas de ligar esse enunciado com a sua enunciação, ou esse dito com o dizer que lhe corresponde. Até aqui, Lacan comporta-se como um construcionista radical que lê os sexos como fenômenos de linguagem e repetição, de história e de poder.

O segundo andar pode ser descrito como a dimensão de gozo, a *dit mension du jouisance*. Ele não envolve o mesmo entendimento de linguagem como língua assumida pelo sujeito que fala, mas trata da linguagem em sua relação com o pensamento e o ser. Mais precisamente, a linguagem em estrutura de proposições com seus predicados e valores de verdade.

O terceiro andar da sexuação traduz a problemática do fantasma, ou seja, todos os modos de relação do sujeito com o objeto, com exceção da identidade. Temos então as séries ou cadeias significantes, as vozes ativa, passiva e média, a interpelação superegóica e a função nominativa dos nomes próprios e, em particular, do Nome-do-Pai. Nesse plano, agrupamos as gramáticas de escolha de objeto, as retóricas amorosas e a dialética do desejo. Esse campo compreende, em termos da teoria da sexualidade, temáticas como a escolha heterossexual, homossexual, homoerótica e assim por diante.

Geralmente, entendemos que a grande novidade da sexuação está na forma de conceber o gozo, particularmente o gozo feminino. Mas, nos esquecemos de perguntar por que são três andares e não simplesmente um. A leitura "cis" entende o andar de cima e o de baixo como uma espécie de legenda ou de ilustração para o que seria essencialmente distintivo, que são as formas de gozo.



É por isso que pensamos em propor uma conjectura alternativa, aqui chamada de leitura "trans", ou de *transleitura*, caracterizada pela reaplicação do princípio da não totalidade à própria relação entre os andares. A hipótese é de que essa relação pode ser de contingência, e não de necessidade, de tal maneira que poderíamos distinguir e precisar a diferença entre gênero, gozo e fantasia como uma diferença interna, não opositiva complementar. A hipótese consiste apenas em radicalizar, de forma modificada, a tese de Freud[6] de que, quanto à sexualidade, existe uma *independência* entre a identidade psíquica, a escolha de objeto e os caracteres sexuais anatômicos. Pensamos que "independência" aqui é um equivalente formal de contingência e que os três níveis implicam distinção (*Unterschied*), supondo, cada qual, um tipo específico de *diferença* (*Diferenz*), tanto na relação com seu próprio lado (a diferença "cis") quanto com o outro lado (a diferença "trans").

Isso significará apresentar os três *andares* das fórmulas da sexuação não apenas ao modo de um edifício dividido em patamares, com duas portas em cada um deles, mas como *andares*, no sentido do futuro do subjuntivo do verbo andar, como na música de Altemar Dutra, "Por onde tu andares, na certa encontrarás, em tudo uma lembrança de que ficou para trás de um amor que era lindo". Nisso, levamos em conta que a teoria lacaniana da sexuação envolve uma crítica da formação intuitiva de conjuntos e que, se conjuntos são expressão lógica de conceitos, depreende-se uma crítica do conceito de conceito. Para efeito de contraste, chamamos de leituras "cis" da sexuação aquelas que operam pela combinação entre dois universais, o fálico e a bissexualidade, em uma conjunção proposicional na qual "homem" e "mulher" intervêm como funções e suas modalidades de gozo como predicações, sendo ambos precedidos pela modalização dos quantificadores (existencial e universal). Ora, essa leitura deixa de aplicar ao procedimento a sua própria descoberta, que é justamente a suspensão de algumas, mas não todas, formas de relação disjuntiva.

Uma transleitura define-se então pela comparação entre os eixos vertical (semblante, gozo e fantasia) e horizontal (homem ou mulher, todo ou não-todo, sujeito ou objeto *a*) da sexuação em uma versão transversal, não sintética, deste conjunto de relações possíveis e relações impossíveis. O principal ganho dessa aplicação da noção de espaço combinatório, desenvolvida pelo matemático francês Jean Cavaillès[7], às fórmulas da sexuação é que isso permitiria localizar, com maior precisão, o que a teoria social crítica chama de *gênero*.

Ao contrário do que se pensa, essa noção foi desenvolvida no interior da própria psicanálise por Robert Stoller[8] e comentada por Lacan, no Seminário 20, por meio da indicação de que essa teria muito a ganhar com o conceito de foraclusão. Tal indicação levou à aproximação com a experiência transgênero, ou seja, daqueles que experimentam uma relação com o corpo marcada pelo estranhamento, diferença ou inadequação de sua identidade em relação à sua própria corporeidade, como implicada diagnosticamente na psicose. Além de deixar de lado os inúmeros empregos não diagnósticos do conceito de foraclusão, como, por exemplo, foraclusão do sujeito pela ciência moderna ou foraclusão da verdade ou, ainda, foraclusão generalizada no escopo da constituição do sujeito, mantém-se a partir de uma leitura "cis" da heteronormatividade.

O ponto central dessa leitura consiste em considerar a diferença sexual como o operador central da sexuação, o que justifica e difere do que se pode chamar de campo mais vasto da sexualidade. Há distintas perspectivas de diferença quando se examinam os três andares das fórmulas da sexuação, e isso não vem sendo suficientemente salientado pelos comentadores.

## 1. Semblantes

No Seminário 20, Lacan menciona a concepção de Marie Bonaparte sobre o complexo de frigidez. Segundo a princesa da Grécia, tal sintoma envolve a conjunção de duas condições clínicas: o complexo de perfuração e o falo passivo. As mulheres reivindicadoras (*revendicatrices*) são mais propensas à formação desse sintoma, já que possuem um complexo de virilidade poderoso e uma bissexualidade muito acentuada. O falo passivo, ou melhor, sua pré-história, garantiria uma sensibilidade erótica falicamente localizada no clitóris. Já as mulheres do tipo aceitadoras (*acceptatrices*), no percurso do seu desenvolvimento psicossexual, submetem-se à involução sexual do clitóris e tomam um maior investimento erótico da vagina. Finalmente, mulheres do tipo renunciadoras (*renonciatrices*) são aquelas que, na comparação com o órgão do homem, percebem a desvantagem e renunciam a todo tipo de satisfação sexual, tornando-se frígidas totais. O falo passivo aparece como protagonista nessa decisão.

> Que nós entendamos por falo ativo aquele que espontaneamente, por excitação nervosa central, na visão ou no pensamento, por exemplo, do objeto amado, é capaz de entrar em ereção e de desejar penetrar. O falo passivo, ao contrário, há necessidade de excitações periféricas localizadas e pode mesmo assim, em certos casos extremos de passividade, chegar ao orgasmo sem ereção[9].

Vemos aqui o raciocínio categorial operando a junção entre bissexualidade e falicismo de modo a produzir tipos disposicionais simples: reivindicadoras, aceitadoras e renunciadoras. Tais tipos servem de exemplo ao que se poderia chamar de função de semblante na teoria lacaniana dos discursos. O semblante é uma individualização que convoca algum nível de naturalização e que se suporta em uma verdade, da qual se separa por uma barra e se liga por meio de um movimento, sinalizado por um vetor de circulação. Poderíamos observar que os discursos não têm nem sexo nem gênero. O discurso é da histérica[10] (*du histerique*) ou do mestre (*du maitre*). Não é *da* histérica ou *do* histérico, nem *do* mestre ou *da* mestra. Também não é um discurso que remeta genericamente "à" histeria e, muito menos, presume que só existam histerias em mulheres. Justamente porque se localiza em um semblante que faz a função de "alguém", esse discurso não se apresenta como um discurso anônimo. Poderíamos reler os discursos com os semblantes bonapartistas, sugerindo que as *reivindicadoras* colocam o sujeito dividido no lugar de semblante e estão, portanto, no discurso da histérica. As *renunciativas*, por sua vez, colocam o significante mestre como semblante, aparelhando-se, portanto, no discurso do mestre. Já as *aceitadoras* estão no discurso da universidade, porque o semblante que as define é composto por um determinado saber.

A noção de semblante parece ser um desdobramento da ideia linguística de *shifter*, dêixico, embreante ou comutadore, ou seja, partículas que representam no enunciado a posição da enunciação. Os mais conhecidos são os *shifters* de pessoa, como os pronomes pessoais, próprios e de tratamento, notadamente eu, tu e ele. Mas há também *shifters* de lugar, como aqui e lá, ou *shifters* de tempo, como amanhã, ontem e hoje. A rigor, qualquer palavra pode ser tomada como embreante desde que represente no dito um dizer, como a função poética tende a demonstrar. A afirmação de Lacan que "homem" e "mulher" são semblantes traz duas consequências:

(1) que "homem" ou "mulher" depende de como alguém assume a língua que fala (princípio de Benveniste) e

(2) que o ser-falante (*parlêtre*), para reconhecer um significante que o representa como sujeito para outro significante, torna o semblante uma função de reconhecimento para o Outro, e também para o gozo. É a partir de semblantes que é possível *reconhecer-se, ser reconhecido* e ainda *reconhecer o reconhecimento* que o outro nos dispensa. Há dois tipos de contradição envolvidas aqui, uma própria de cada dêixis (reconhecer e ser reconhecido) e outra entre as dêixis (reconhecer o reconhecimento).



Lacan comenta contra a substituição determinada do *shifter* pela indeterminação do discurso exatamente no ponto em que introduz, pela primeira vez, as fórmulas da sexuação: "(...) ao substituírem, no que eu disse o cada um por não importa quem – não importa quem de um dos lados – vocês estariam bem inseridos na indeterminação do que é escolhido em cada todo para corresponder aos outros. [este] (...) é um discurso que não fosse do semblante"[11].

Essa é basicamente a crítica que Lacan trará desde o início contra a teoria do conhecimento enquanto sistema de objetivação e recompensa do sujeito. É por isso também que ele abordará o problema do gozo feminino não como a conjectura da existência de certos estados corporais, tal qual o orgasmo vaginal ou clitoridiano, mas como um problema epistêmico, semelhante ao das místicas, para as quais parece possível gozar sem saber.

Isso permite reler o paradigma da segregação urinária, discutido em *A instância da Letra*. Duas crianças, sentadas uma diante da outra em um trem, chegam a uma estação onde cada uma delas toma o nome da cidade pela indicação inscrita na porta dos banheiros, acessível à perspectiva de cada qual:



| HOMENS | MULHERES |
| --- | --- |
| | |

"*Olha*, diz o irmão, *chegamos a Mulheres*! *Imbecil*, responde a irmã, *não está vendo que chegamos em Homens*. Além com efeito, de os trilhos desta história materializarem a barra do algoritmo saussuriano de uma forma que é a conta certa para sugerir que a sua resistência pode ser outra que não a dialética (...)"[12].

Perspectivas cruzadas e complementares têm em comum o fato de que ambos estão equivocados ao ler qual é para si o *shifter* que os convoca, tomado na função de nomeação. Pelo contrário, estão prescritas aqui todas as possibilidades de reconhecimento e de fracasso de reconhecimento facultadas ao uso dos semblantes. Não se reconhecer no reconhecimento que o outro nos dispensa (caso da experiência de *unheimlich*), não se reconhecer na relação entre o semblante e o corpo próprio (caso da experiência de transgeneridade) ou não ser reconhecido em seu semblante (caso dos gêneros ininteligíveis de Judith Butler).

Há, portanto, um nível de diferença implicado no semblante que não pode ser reduzido ao binário significante, ao preço de excluirmos a dimensão da enunciação e do semblante, sua variação histórica determinada pelo uso.



## 2. Gozos

A incidência da diferença pode ser agora separada do que concerne ao andar do gozo. Temos aqui outra maneira de considerar a diferença e um outro plano de linguagem, que é a proposição. A proposição é a escrita de uma relação em que o sujeito ou substância se liga ao predicado por meio da cópula. É também pela forma da proposição que o gênero se liga à espécie que ele contém e se diferencia de outro gênero, com o qual mantém relações epistêmicas. Aqui, as relações entre a linguagem e os muitos modos de dizer o ser são tomadas como campo de consideração da diferença sexual.

Retomando o que se encontrará com maior detalhe em autores como Soler[13], Le Gaufey[14] ou Firenz[15], a teoria da sexuação presume uma crítica de um ponto problemático da teoria aristotélica do silogismo, a saber, as inferências dedutivamente válidas da proposição universal afirmativa. Se *todos os homens dizem sim*, disso resulta que *há pelo menos um homem que diz sim*. Isso significa ler a particular afirmativa como uma particular mínima. Existe pelo *menos-um* e possivelmente vários ou, eventualmente, todos *que dizem sim*. As particulares podem ser verdadeiras alternativamente ou conjuntamente (compatibilidade): *algum diz sim, mas não há algum que diz não* (reciprocamente). Mas, se as particulares forem verdadeiras, conjuntamente, as universais são falsas, conforme o quadro abaixo:



| Universal afirmativa<br>*Todos dizem sim* | Universal negativa<br>*Todos dizem não* |
|---|---|
| Particular afirmativa<br>*Alguns dizem sim* | Particular negativa<br>*Alguns dizem não* |

Mas é possível ler a universal afirmativa, *todos os homens dizem sim*, interpretando a particular como *particular máxima*. Nesse caso, o termo *algum* corresponde à negação do *todo*. Aristóteles descarta esse uso da particular, considerando-o fonte de erro. Comparemos os resultados:

| | Particular Mínima | Particular Máxima |
|---|---|---|
| *UA* | Todos dizem sim | Todos dizem sim |
| *UN* | Todos dizem não | Nenhum diz não |
| *PA* | Alguns dizem sim | Alguns dizem não |
| *PN* | Alguns dizem não | Alguns dizem sim |

Observe-se que há uma ilação discutível em dois casos. A contrária de *todos dizem sim* é tanto *todos dizem não* quanto *nenhum diz não*. Lacan leva em conta uma variação na forma lógica da negação que, em um caso, presume existência e, em outro, não. Esse recurso já havia sido mobilizado no contexto da lógica do traço unário e da posição de identificação do sujeito no quadrante de Pierce[16]. Mas agora ele serve para isolar dois tipos de exceção, uma que presume a consistência do conjunto, ou seja, um conceito que possui universalidade sem existência, e outra que envolve uma forma mais rara de existência sem universalidade[17]. O conceito mesmo de exceção envolve negatividade, uma vez que contraria uma regra de formação. Lacan percebe o problema tanto a partir dos desenvolvimentos de Robert Blanché[18], sobre uma concepção alternativa do conceito de contingência, quanto do trabalho de Leon Brunswig[19], a respeito da teoria aristotélica da proposição.



Na origem das fórmulas da sexuação, encontramos então um conceito não autoidêntico de exceção que pode, por um lado, ser lido como contradição e, por outro, como um tipo de indecidibilidade:

| HOMENS | MULHERES |
|---|---|
| $\forall x.\Phi x$<br>Universal afirmativa<br>*Todos dizem sim* | $\overline{\exists x}.\overline{\Phi x}$<br>Universal negativa<br>[*Todas dizem não*]<br>***Nenhuma diz não*** |
| $\exists x.\overline{\Phi x}$<br>Particular afirmativa<br>[*Alguns dizem sim*]<br>***Ao menos um diz não*** | $\overline{\forall x}.\Phi x$<br>Particular negativa<br>[Algumas dizem não]<br>Não todas dizem sim |

Há uma contradição entre as universais afirmativa e negativa e há uma indeterminação da equivalência entre universais e particulares, pois $\forall x.\Phi x$ (*todos dizem sim*) contradiz $\exists x.\overline{\Phi x}$ (*ao menos um diz não*) e também $\overline{\forall x}.\Phi x$ (*não-todos dizem sim*). Inversamente, há uma indeterminação entre a universal negativa, $\overline{\forall x}.\Phi x$ (*não todos dizem sim*), e a particular negativa, $\overline{\exists x}.\overline{\Phi x}$ (*não há quem diz não*), e a particular afirmativa, $\exists x.\overline{\Phi x}$ (*algum diz sim*).

Essa dupla indeterminação permite que a universal afirmativa $\forall x.\Phi x$ (*todos dizem sim*) não entre em contradição com $\overline{\exists x}.\overline{\Phi x}$ (*nenhum diz não*). Isso também autoriza que a particular afirmativa, *pelo menos um que diz não* ($\exists x.\overline{\Phi x}$), se torne congruente com a universal afirmativa, *todos dizem sim* ($\forall x.\Phi x$).

Trata-se de uma réplica do quadro exposto por Brunschwig em seu estudo sobre as provas não conclusivas em Aristóteles. O autor afirma que as duas particulares se implicam entre si. Mesmo que os pares a-o e e-i continuem sendo contraditórios, nos vemos levados paradoxalmente a admitir que cada uma das particulares por uma parte exclui a universal de sua mesma classe e é excluída por ela. Com efeito, cada uma das universais não pode contradizer uma particular sem contradizer a outra, que resulta de sua equivalente. Deduz-se também que os universais são agora equivalentes, já que contradizem duas proposições equivalentes.

Esse problema lógico levanta uma dificuldade ontológica, qual seja, saber se tudo aquilo que não é diferente é necessariamente semelhante. Para Aristóteles, segundo a leitura de Boecio e Porfírio, as categorias poderiam ser reduzidas a cinco: gênero, diferença, espécie, propriedade e acidente. Percebe-se que entre elas não está a identidade. É isso que está na origem da intuição lacaniana de que a particular afirmativa e a particular negativa não são equivalentes. O mesmo problema leva à separação entre o *todo universal* (uma classe com um número de elementos separáveis) e o *todo integral* (composto de partes não separáveis da totalidade).

Kant[20] percebeu que o problema levaria a conceber quatro maneiras diferentes de pensar a negatividade: (1) o conceito vazio sem objeto (*rationis*), (2) a intuição vazia sem objeto no tempo e espaço (*imaginarium*), (3) a negação de algo (*privativum*) como o frio ou a sombra e (4) o objeto vazio sem conceito (*negativuum*). Cada uma dessas possibilidades corresponde a um dos matemas que compõem a sexuação: (1) para-todos, (2) ao-menos-um, (3) não-sem e (4) não-todo. Da relação entre 1e 2 com 2 e 4, deduz-se que *a relação sexual não existe* e, da relação entre 3 e 4, deduz-se que *a mulher não existe*.

Ainda na modernidade, notadamente em Leibnitz e Hegel, essa discussão se desdobrará na polêmica concernente aos dois tipos de infinitude. Lacan abordou o problema da disparidade entre infinitos[21], no interior da sexualidade, recorrendo a duas teorias diferentes. O gozo fálico, comum a homens e mulheres, estaria organizado ao modo de uma série, no interior da qual se procura um elemento comum. Uma série quer dizer que conhecemos sua regra de formação e pensamos o infinito pela indeterminação de seu último termo, por exemplo, a série dos números naturais N= {1,2,3 ... n}, modelo para a relação do sujeito com a cadeia significante, ou a série de Fibonacci {2, 3, 5, 8, 13, 21 ... n}, modelo para a relação de fantasia.

O gozo feminino, ou gozo Outro, não se organiza dessa maneira. Organiza-se ao modo de uma "lista" com elementos que podem ser escolhidos aqui e ali, mas cuja regra de formação deverá ser estabelecida depois, se é que possível descrevê-la. Isso pode ser ilustrado pelo conjunto dos números Reais que engloba não só os números inteiros e os fracionários, positivos e negativos, mas também todos os números racionais como, por exemplo, R {0, 0.333.., 0.7, 1, Pi... n}. Os números Reais não possuem uma regra de formação, mas intercalam elementos cujas propriedades não se reduzem às de outros conjuntos. Tipicamente, o problema do gozo fálico é que ele é formado por uma intersecção, por exemplo, entre conjuntos abertos, produzindo o que se chama de infinito contável ou infinito enumerável, desde que se introduza no próprio conjunto os seus pontos limites –

teorema de Bolzano-Weierstrass. O gozo feminino não se faz por interseção, mas pela reunião de famílias de conjuntos abertos, com o qual se aborda finitamente a infinitude. Nesse caso, não se incluem os pontos limites na série. Com uma lista finita, pode recobrir o infinito. Essa reunião de abertos em estrutura de lista corresponde a um segundo tipo de infinito – teorema de Heine-Borel-Lesbegue[22].

Ocorre que as mulheres possuiriam, de modo contingente, dois gozos: o fálico (como o dos homens) e o especificamente feminino (gozo Outro). O inconveniente, segundo Lacan, é que esse segundo infinito só pode se exprimir, em termos de linguagem, constrangendo-se às regras impostas pela lógica da série. Isso levou Geneviève Morel, uma estudiosa da teoria lacaniana da sexuação, a afirmar que os homens dependem de uma fantasia para gozar, ao passo que, na sexualidade feminina, a fantasia é sempre um tanto incompleta, inacabada ou manca.

As mulheres, que não podem formar um conjunto unitário, pelos motivos antes examinados, encontram sua modalidade preferencial de inscrição discursiva da sexualidade no mito. Narrativas, como a de *Don Juan*, são compreensíveis como um mito, ou seja, uma articulação lógica entre inúmeras fantasias. Entre gozo fálico (enumerável) e gozo feminino (não enumerável) não há continuidade, mas ausência de relação previsível. Se encontramos, por exemplo, o número "3", podemos tomá-lo como elemento da série dos Números Naturais ou elemento da lista dos Reais. É apenas uma contingência que ele pertença a ambos.

Temos então os motivos pelos quais também o segundo andar da sexuação não é um binário. Não há "dois" tanto porque o "um", definido pelo falicismo masculino, constitui-se em uma contradição entre o conjunto e sua exceção e porque a bissexualidade não permite que o Outro gozo seja consistente como um conjunto. A diferença não é, portanto, o efeito de dois conjuntos ou categorias que se diferenciam ao modo aristotélico do gênero e da espécie (diferença interna) ou dos gêneros entre si (diferença externa). A diferença sexual é o fato primário que permanentemente impede que qualquer gênero se complete enquanto tal e se mantenha como semblante de identidade ou suture a fantasia.

"Se não podemos passar sem tropeço de um conceito à existência de sua extensão, ou à existência da totalidade que o predica – como Frege queria crer que podíamos – não é porque em algum momento o pensamento fracasse em seu intento de pensar o ser, senão porque o ser é não-todo, o ser em si mesmo jamais forma uma totalidade"[23]. Não há, portanto, categoria, definição ou conceito extensional dos gêneros em psicanálise, pois ela é uma teoria feita para pensar o fracasso de sua identidade enquanto tal.



Os argumentos de Lacan para definir a diferença, antes da identidade, na definição da relação entre gênero, gozo e fantasia provêm sobretudo da complexidade de sua teoria da negação. Para isso, há várias fontes: a leitura hegeliana da negação em Freud, a reinterpretação heideggeriana da barra linguística, o sistema de negações gramaticais da língua francesa, até, no contexto específico da sexuação, o emprego dos desenvolvimentos de Blanché e sua distinção entre uma *negação forte*, que incide sobre a função e engendra a universal negativa (universalmente não-p), e a *negação fraca* que se refere ao quantificador, engendrando a particular negativa (não--universalmente p).

Alternando intencionalmente o tipo de negação, ele pode criar de um lado a universal negativa anômala, $\overline{\forall x}.\,\Phi x$ (negação fraca), e dela deduzir a particular afirmativa [não (universalmente não-p)], ou seja, $\exists x.\overline{\Phi x}$ (negação forte). Isso é contra intuitivo, pelo menos com a ontologia de Parmênides, pois parte da universal negativa para chegar à universal afirmativa. "Em tanto que há um todo, está fundado na exceção de ao-menos-um (possivelmente vários), e, no entanto, que não há exceção, então os vários que existem não formam nenhum todo"[24].

Uma maneira de tornar mais clara como a sexuação é construída a partir da exploração da diversidade de modalidades de negação e, com isso, as variações sobre o entendimento da ideia de diferença, é acompanhar a evolução de suas formulações entre 1971 e 1973 na obra de Lacan.



A primeira escrita da sexuação ocorre o interior do Seminário 19, *...ou pior*, na sessão de 17 março 1971. Ali, Lacan parte, como a maioria dos lógicos ao longo da história, da universal afirmativa, $\forall x.\Phi x$, observando que ela não presume nenhuma existência necessária. Em seguida, ele opõe esse universal ao regime da exceção que o deveria negar. É o $\exists x.\Phi x$, ao-menos-um (*hommoinzun*). A negação sobre o existencial se dá de forma igualmente convencional, $\overline{\exists x}.\Phi x$. A negação do universal também é feita sobre a função, e não sobre o quantificador, $\forall x.\overline{\Phi x}$, o que só aparece nessa ocasião. A conclusão leva Lacan a introduzir que há "o não valor da universal negativa"[25].

Já na segunda formulação da sexuação, no mesmo seminário, mas na sessão de 19 maio de 1971, ele retorna a um de seus primeiros desenvolvimentos sobre a negatividade, qual seja a negação gramatical estudada por Pichon e Damourrete[26], para produzir a universal negativa, $\overline{\forall x}.\Phi x$, chamada de *negação foraclusiva*, e a particular negativa, $\exists x.\overline{\Phi x}$, qualificada como *negação discordante*.

Na terceira formulação, nas sessões de 8 dezembro de 1971 e de 3 de março de 1972, do mesmo seminário, chegamos à escrita mais conhecida, mas ainda colocando as particulares no andar de cima e as universais na linha de baixo:

| $\exists x.\overline{\Phi x}$ | $\overline{\exists x}.\overline{\Phi x}$ |
|---|---|
| $\forall x.\Phi x$ | $\overline{\forall x}.\Phi x$ |

É só na quarta formulação da sexuação, já no seminário 20, *Mais, ainda*, na aula de 13 de março de 1973, que se acrescenta o andar da fantasia, integrando ao problema o lugar da castração como significante da falta no Outro, o objeto *a*, o falo como significante e o sujeito dividido.

| $\not{S}$ | $S(\not{A})$ |
|---|---|
| | a |
| $\Phi$ | $\not{A}$ |

A quinta e última escrita da sexuação ocorre em *O aturdito*, de 1973, mas convém notar que agora ela aparece sem o andar da fantasia e notada pela ideia de que: "É a partir daí que nos convém obter dois universais, dois todos, suficientemente coerentes para separar os falantes"[27].

| $\forall x.\Phi x$ | $\exists x.\Phi x$[28] |
|---|---|
| $\overline{\exists x}.\overline{\Phi x}$ | $\overline{\forall x}.\Phi x$[29] |

## 3. Fantasia

Chegamos assim ao terceiro andar das fórmulas da sexuação, andar que se encontrava saturado pela teoria lacaniana da sexualidade até então. Em seu interior, tínhamos que entender como sexo, amor e gozo se articulavam para cada sujeito, cruzando tanto a perspectiva fálica quanto o ponto de vista da bissexualidade. Isso levava a soluções recorrentemente insatisfatórias como, por exemplo, a demanda é centrífuga com o desejo no homem e centrípeda com o desejo na mulher, assim como há uma propensão ao fetichismo amoroso nos homens correlata à tendência erotomaníaca nas mulheres. Além disso, a tese de que a mulher precisaria de uma espécie de duplicação subjetiva para se manter em uma identificação entre o falo e o objeto *a*, que deveria se dividir entre um simulacro *(paraître)* e um quase ser *(par-être)*, quando não recorrer à mascarada para se defender da angústia desta divisão. Ou, ainda, que ela deve recorrer à figura análoga do íncubo para se suportar entre o gozo Outro e o Gozo marcado falicamente pelo Nome-do-Pai.

Ora, à duplicação entre amor e desejo soma-se uma cisão interna ao modo de gozar da mulher, que a torna sempre infiel a seu parceiro. Essa combinatória de possibilidades exprime a distinção, já apresentada, entre falicismo e bissexualidade. Ela também dará origem aos diversos tipos de semblantes descritos, por exemplo, por Morel[30]: a *mulher adúltera* – fiel, mas frígida com seu parceiro, ela procura o gozo em outros homens a quem deseja, mas não ama; a *colecionadora de homens* – desejante, mas incapaz de amar, ela persegue o gozo em uma série de homens que ela deseja; a *mulher desgostosa* – superestima o amor e não deseja nem goza. Percebe-se por esse desenvolvimento que o andar da fantasia convoca o nível gramatical da pulsão e a noção de signo de amor como elementos distintos da esfera do gozo: "O gozo do Outro (...) do corpo do Outro que o simboliza, não é signo de amor"[31].

Na perspectiva da fantasia, não contamos mais apenas com o nível dêixico de linguagem ou com o plano proposicional da escrita. Devemos acrescentar o campo da gramática (inconsciente) e dos gêneros de linguagem, assim dita natural ou ordinária, como o romance (familiar do neurótico), a teoria (sexual infantil), o mito (individual do neurótico), o delírio (como forma substitutiva da fantasia), o fetiche, a holófrase, a mascarada e tantas outras modalidades de inscrição da fantasia no nível concreto do discurso – primeiro andar do grafo do desejo. Notemos que enunciados como "bate-se em uma criança", modelo de análise da fantasia para Lacan, não corresponde a uma proposição, sendo apreensível mais como uma espécie de gramática ou catálogo particular das pulsões para um sujeito do que como coordenação entre existenciais e universais. A fantasia funciona estabelecendo condições ou contrantes de gozo, ou seja, limita a entrada no andar intermediário que nos fala da modalidade específica de gozo (masculino ou feminino).

É característica da fantasia que ela opere em duas séries, ou três tempos, obliterando um dos termos, ou uma das sequências, para que a outra possa funcionar. Lembremos que a fórmula da fantasia [$\$\lozenge a$], tornada pela leitura "cis" uma peculiaridade do lado homem da sexuação, representa todas as relações possíveis entre o sujeito e o objeto à exceção da identidade.

> (...) esse $\$$ só tem a ver, enquanto parceiro, com o objeto *a* inscrito do outro lado da barra. Só lhe é dado atingir seu parceiro sexual, que é o Outro, por intermédio disto, de ele ser a causa de seu desejo. (...) Essa fantasia, em que o sujeito é preso é, como tal, o suporte do que se chama expressamente, na teoria freudiana, o princípio de realidade[32].

Agora podemos separar as três entradas do Real na teoria da sexuação. No andar dos semblantes, ele intervém em exterioridade aos discursos, que o contornam. No andar da escrita do gozo, intervém como contradição (lado homem) e como contingência-impossibilidade (lado mulher). Por fim, no andar da fantasia, o Real aparece articulado aos fracassos do princípio de realidade. A leitura "cis" da sexuação identifica o Real com o gozo da mesma maneira em todos os andares, desconhecendo seu método de apreensão e, consequentemente, sua articulação respectiva com o Simbólico e com o Imaginário.

Há, ainda assim, uma nova crítica do binarismo, imanente ao fantasma, considerado como dupla articulação, do sujeito ao objeto *a* e do falo ao Outro. Se do ponto de vista da implantação do falo no campo do Outro estamos referidos à determinação das estruturas clínicas, pelo recalque, foraclusão ou renegação do Nome-do-Pai (que localiza o falo no campo do Outro), na relação fantasmática, a relação suprime a identidade. Logo, não se pode falar em um binário, mas em uma incomensurabilidade, que o número de ouro (ou proporção áurea) visa escrever. É no terceiro andar que uma mulher é um sintoma para homem e, por sua vez, um homem é uma devastação para uma mulher. É aqui também que se fará referência ao mito de *Don Juan* como uma fantasia feminina. Nesse caso: "Não há relação sexual porque o gozo do Outro tomado como corpo, é sempre inadequado – perverso de um lado, no que o Outro se reduz ao objeto *a* – e do outro, eu direi louco, enigmático"[33].

É preciso dizer que, nesse caso, "homem" e "mulher" não são referências a semblantes, nem a modalidades de gozo, mas a fantasias.



## 4. Transleitura

Retomemos agora um exemplo de leitura "cis" das fórmulas da sexuação:

> Portanto, a negação liga a fantasia à significação vis-àvis quatro potenciais interpretações da diferença fálica e de sua falta, ou seja, foracluir a diferença sexual (psicose), repudiar (perversão), denegá-la (neurose) ou reprimi-la (a

mascarada normativa). Essas quatro possibilidades denotam lógicas precisas, cada qual marcando uma relação com a lei, assim como para com o desejo. Lacan argumenta que o problema da sexualidade masculina ou feminina não é o do órgão, mas a dialética entre desejo e gozo[34].

Segundo Ragland, a fantasia é um elemento de ligação que fixa a interpretação da diferença sexual com as modalidades clínicas de relação com a falta. Dando pouca relevância ao primeiro andar, ela identifica e une os diferentes andares em um entendimento identitário da diferença sexual, tornada sinônimo aqui da não relação sexual. Ocorre que a diferença é um tipo de relação. Para recuperar o sentido de unidade, e não de contingência entre os andares, ela integra os três andares da sexuação em uma mesma dialética entre desejo e gozo. Dessa maneira, volta ao binário formado pela noção de "sexualidade masculina" (fálica, homem, sujeito) e "sexualidade feminina" (não-todo fálica, mulher, objeto). Ela faz a crítica do dispositivo sexualidade-gênero, tornando-a independente da referência à corporeidade do órgão. O problema é que o semblante não é indiferente à corporeidade e é por isso que o falo não é uma noção inteiramente dissociável de sua referência ao corpo, o que ainda assim não o identificará ao pênis.



Todavia, nada até aqui presumiu que a relação entre a perspectiva dêixica dos semblantes deva se unir à modalidade fálica de gozo e à fantasia masculina. Os binários são, nos três casos, falsos binários. No andar dos semblantes, representam o sujeito deixicamente, ou seja, uma mulher (do ponto de vista do gozo ou da fantasia) pode muito bem se reconhecer diante da interpelação "homem", "gay" ou "amigues". O critério aqui não é a verdade, mas a felicidade (no sentido lógico do termo), o sucesso pragmático ou a eficácia individual no ato de reconhecimento. No primeiro andar há tantos gêneros quantos performativos necessários para sustentar o reconhecimento de semblantes. Tantos semblantes quantos tipos de discurso. Tantos tipos de discurso quantas formas sociais de aparelhar o gozo. Lembrando que o discurso é em si mesmo assexuado, daí sua eficácia como aparelho de gozo. Isso nos habilita a usar o caso de *San Juan de La Cruz* para duplicar a relação entre semblantes e modalidades de gozo:

| Semblante | Homem | Mulher |
|---|---|---|
| Gozo | $\exists x.\overline{\Phi x}$ $\quad \overline{\exists x}.\overline{\Phi x}$ | $\exists x.\overline{\Phi x}$ $\quad \overline{\exists x}.\overline{\Phi x}$ |
| | $\forall x.\Phi x$ $\quad \overline{\forall x}.\Phi x$ | $\forall x.\Phi x$ $\quad \forall x.\Phi x$ |

Ou seja, não é necessário supor que a leitura seja feita de cima para baixo, inferindo que primeiro nos reconhecemos, pelo significante ou pelo semblante, como homens ou mulheres para, depois, verificarmos nossa paridade com uma modalidade ou outra de gozo. Seria simples traduzir essa não necessidade pela contingência. Mas esse é o sentido fraco de contingência, ou seja, a simples negação determinada da lei. As fórmulas da sexuação reconhecem tanto esse sentido fraco de não determinação quanto o sentido forte de indeterminação, como contingência que gera, secundariamente, a necessidade, conforme a proposição alternativa de Blanché[35]:

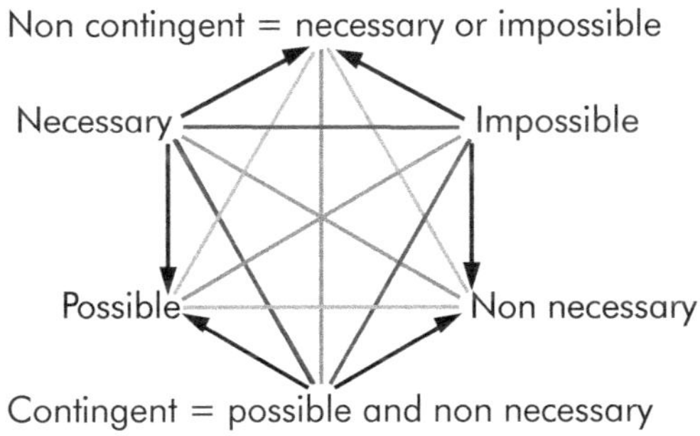


Se para Aristóteles a contingência era apenas a não-necessidade, Blanché propõe que ela seja pensada como a conjunção entre o possível e o não-necessário. Inversamente, isso permite pensar a não-contingência como necessidade, tal o faz o pensamento clássico, e também como impossibilidade, conforme quer a proposição lacaniana. Isso é importante para sustentar que a relação entre os andares não é uma relação dialética (identificação vertical e horizontal) ou uma relação de necessidade (identificação vertical), mas uma relação contingente.

Seria importante lembrar aqui que o conceito de diferença extraído para o primeiro andar difere, ele mesmo, do conceito de diferença no segundo andar. Agora, dupliquemos o nosso sistema de relações considerando que também a paridade entre gênero e gozo mantém com a fantasia uma relação contingente. Nenhuma modalidade de gozo prescreve, por si mesma, um tipo de laço social ou uma dada maneira de se posicionar deixicamente. Isso parece clinicamente óbvio posto que há homens que gozam como mulheres e que têm fantasias que podem ser homossexuais, heterossexuais, bissexuais ou fixacionais (antes ditas perversas por desvio de objeto ou de objetivo), sem que se possa afirmar qualquer conexão prescritiva sobre a relação semblante, gozo e fantasia:

| Semblante | Homem | | | | Mulher | | | |
|---|---|---|---|---|---|---|---|---|
| Gozo | $\exists x.\overline{\Phi x}$ | | $\overline{\exists x}.\overline{\Phi x}$ | | $\exists x.\overline{\Phi x}$ | | $\overline{\exists x}.\overline{\Phi x}$ | |
| | $\forall x.\Phi x$ | | $\overline{\forall x}.\Phi x$ | | $\forall x.\Phi x$ | | $\overline{\forall x}.\Phi x$ | |
| Fantasia | $\$$ î a | a î $\$$ | $\$$ î a | A î $\$$ | $\$$ î a | a î $\$$ | $\$$ î a | a î $\$$ |
| | Φ Î Ⱥ | Ⱥ îΦ | Φ Î Ⱥ | Ⱥ îΦ | Φ Î Ⱥ | Ⱥ îΦ | Φ Î Ⱥ | Ⱥ îΦ |

Chegamos assim a oito gêneros não binários em um espaço combinatório organizado por três tipos de diferença sexual e quatro modalidades de negação. Porém, o mais importante não é a combinatória, ainda assim finita de posições, mas a contingência infinita. Contingência essa que surge do fato de que não estamos falando de categorias ou grupos fechados de conjuntos consistentes, e sim de desdobramentos indefinidos e abertos de fantasias em relações com modalidades de gozo e com produções discursivas e históricas de semblantes.

# Nem um (objeto) *a* menos[1]

Tomás Otero

POR QUE UM HOMEM MATA UMA MULHER? É uma pergunta com centenas de matizes e arestas, sociais, institucionais, políticas e psicológicas. Com o risco de deixar de lado importantes linhas de força que participam dessa conjuntura e que mereceriam tratamento em outro contexto de debate, distinto à aproximação que apenas posso fazer nestas páginas, abordarei aqui somente uma aresta do problema: uma análise conjuntural e absolutamente parcial, que se apóia sobre o fato, amplamente constatável, de que grande parte dos feminicídios ocorrem na órbita da vida amorosa. Mais da metade dos casos são perpetrados por parceiros ou ex-parceiros das mulheres assassinadas.

O termo feminicídio responde a um giro político que situa esses assassinatos no terreno da violência de gênero, desterrando, em muitos casos, o crime passional – que contém o germe do arrebatamento da paixão –, a loucura e a irracionalidade que de algum modo justificariam o injustificável, a barbárie do fato. O termo feminicídio, se tem enorme importância ao situar o problema dentro das políticas contra a violência de gênero, também reforça a posição da mulher como vítima. Mesmo que não seja o foco desta análise, a vitimização me parece uma das piores condenações que pode sofrer um ser humano.

Uma clínica do feminicídio, a meu ver, não pode prescindir de uma clínica do gozo, do desejo e, como mostram as estatísticas, da vida amorosa. Desde *Mais além do princípio do prazer*[2], de Freud, entende-se que a ética que rege o ser humano não é a de seu Bem, mas a de seu gozo. A mulher, em que pesem os estudos de gênero que criticam o estereótipo sociocultural em que se coloca reproduzindo e perpetuando uma lógica machista dominante, construiu-se socialmente para o homem como objeto de desejo. Em outras palavras, talvez menos chocantes para os tempos atuais, o desejo de uma mulher, muitas vezes, é o desejo de ser desejada, o que a deixa inexoravelmente em uma posição de objeto. Atenção! É importante, porém, esclarecer que desejada não equivale a possuída. "Puta, mas não sua!", exclama um dos mais sagazes sintagmas feministas que circulam em nossa época ante a violência de gênero.

Diante da vontade do homem de possuí-la, a vontade dela é de preservar o desejo. E, como essa vontade do homem pode ir longe demais, lá onde se expressa uma vontade de gozo que determina uma forma particular de habitar a vida amorosa, pode, tragicamente, precipitar seu reverso mais imediato: o ódio. Feito do mesmo estofo do que o amor, o ódio desemboca na misoginia, na violência ou no feminicídio.



Avancemos com o amor. Poderíamos dizer que grande parte dos seres falantes, no que se refere ao amor, sucumbe ilusoriamente ao mito de Aristófanes, sempre em busca dessa metade, desse pedaço faltante, no campo do Outro. O que se busca no *partenaire* é essa "libra de carne", esse objeto parcial, essa parte do corpo erógeno que está perdida e que constitui o fundamento do sujeito desejante, pois, afinal, somente amamos com nossa falta.

Desde muito cedo em sua obra, Freud falou da degradação da vida amorosa, consubstancial à fantasia masculina, para viabilizar o encontro com uma mulher. Lacan sobre isso, no seminário *Mais, ainda*[3], diz que o ato de amor é a perversão polimorfa do macho que crê acessar sua mulher quando, na verdade, acessa a causa de seu desejo, o que designa em sua álgebra com o objeto *a*. Situa-se assim algo da especificidade que estará em jogo no feminicídio que, se nos apoiarmos nas fórmulas da sexuação como um instrumento de análise, não responde simplesmente a uma questão de gênero ou anatômica, e sim a uma violência perpetrada a partir de uma posição sexuada que é a masculina.

As fórmulas da sexuação impugnam toda pretensão de definir o feminino por um traço ou de estabelecer relações binárias de contraposição entre o lado *homem* e o lado *mulher*. Em outras palavras, as elaborações lacanianas colocam em questão toda tentativa de fazer das fórmulas um *todo* que as inscreva novamente na ordem fálica do discurso, objetando a perspectiva falocêntrica dominante. Ao mesmo tempo, questionam a lógica binária e complementar que continua definindo a diferença entre os sexos por meio de traços como falo/castrado, ativo/passivo e, para refletir acerca dos termos com que hoje em dia se pensa o feminicídio, vitimizador/vítima. Lacan ordena as posições sexuadas de acordo com a relação do ser falante com o gozo, qual seja, toda fálica ou não-toda fálica – sendo essa suplementar à primeira, e não complementar.

Fora da anatomia, a degradação da mulher a um objeto é consubstancial à posição masculina das fórmulas da sexuação. Ao estabelecer suas fórmulas em termos de função de x, tomado de Frege, Lacan se separa do campo anatômico ou do gênero, que presume estabelecer uma diferenciação sexual. Operar com funções quer dizer que qualquer x, ou seja, a variável da função – homem, mulher, hermafrodita, trans, travesti ou *queer* – que venha a se inscrever do lado da posição masculina manterá uma relação com o gozo subordinada à função fálica. E, além disso, a degradação do *partenaire* a um objeto será imposta como condição de seu desejo, o que Lacan chama perversão polimorfa do macho e podemos inscrever no vetor que vai de $ ao objeto *a* no esquema de *Mais, ainda*.

Quanto ao x qualquer que venha a se inscrever do lado da posição feminina, sua relação com gozo será não-toda regulada pela lógica fálica. Reparte-se a forma de habitar o gozo como um Janus que, com um vetor, aponta ao falo (ϕ), dado que não está mais além do falo, mas em cheio nele, e, com o outro, ao significante da falta do outro (S(Ⱥ)), inaugurando uma relação com o gozo que se constitui vinculada ao império fálico em um mais além.



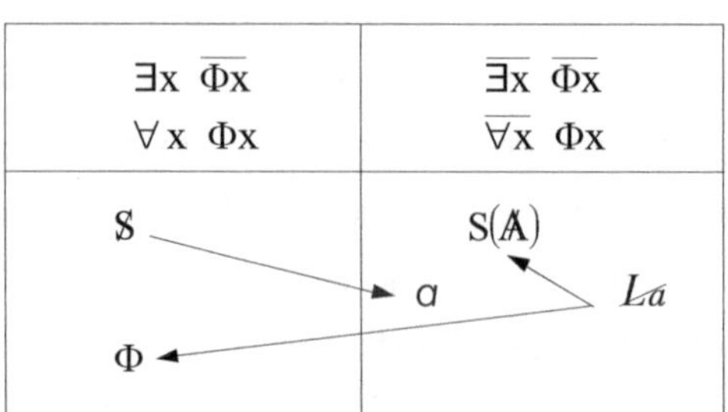

Atualmente, vemos que a degradação descrita por Freud ultrapassa o âmbito da fantasia à qual uma mulher pode condescender no encontro sexual com um parceiro. Além disso, transamos com nossa fantasia, para deixar um saldo no real: a mulher batida, humilhada, desgarrada ...ou pior, assassinada. Frente a esse tipo de violência é comum entre os psicanalistas enfatizar o declínio atual do Outro, do pai ou dos Ideais, quando, paradoxalmente, os grupos feministas levantam sua voz contra o patriarcado. Seria consequência do atual declínio dos Ideais o não funcionamento da fantasia como marco no pacto amoroso e, como resultado disso, que nos encontremos com os efeitos de uma violência polimorfa no real?

Markos Zafiropoulos, sociólogo e psicanalista, assinalou que, na sociedade atual, o Ideal continua funcionando, mas não como instância reguladora, garantindo os laços sociais. Hoje em dia, nos encontramos sem mediação com os efeitos mórbidos do Ideal, com sua face persecutória ou tirânica que destrói os laços. Introduzo isso porque uma clínica da vida amorosa não é alheia a uma clínica do Ideal, mas é preciso ver como funciona o Ideal em nossa época.



Freud fez, no capítulo VIII de *Psicologia das massas*[4], cujo título é "Estar amando a hipnose", uma profunda análise das relações entre o amor e o Ideal. Além de estabelecer a tênue linha que há entre esses dois fenômenos, lançou duas fórmulas que têm nessa exegese um valor crucial: "o objeto devorou o eu", fórmula muito próxima à famosa "a sombra do objeto recai sobre o eu", da melancolia. Em seguida, diz "na cegueira do amor, nos convertemos em criminoso sem remorsos"[5], o que parece pressagiar o destino fatal de muitos amores.

Ambas as fórmulas referem-se a um Outro que se tornou um Outro absoluto. Na acepção latina, *ab-solutus*, como particípio de *absolvo*, significa separar, desligar. Trata-se, então, do objeto separado, em que o circuito libidinal se coagula em um objeto único. O objeto foi posto no lugar do Ideal do eu, conclui Freud. É preciso, porém, pensá-lo com as marcas de nossa época: persecutório, tirânico e sem mediação, o que favorece a passagem do amor ao ódio, como comentei anteriormente.

Grande parte dos feminicídios que ocorrem no campo amoroso respondem a uma maneira de habitar o amor cujas raízes estão fincadas no imperativo categórico kantiano. Com todas as ressonâncias superegóicas que lhes queiram dar, são figuras do amor puro que somente podem se inscrever – em termos lacanianos – a partir de uma posição masculina[6].

O amor é tributário do campo do desejo. Quando o que anima o amor é o desejo puro, esse, diz Lacan ao final de seu décimo primeiro seminário[7], em uma autêntica retificação daquilo sustentado no seminário *A ética da psicanálise*[8], é o imperativo categórico kantiano:



> A experiência nos mostra que Kant é mais verdadeiro, e eu provei que sua teoria da consciência, como ele escreve da razão prática, só se sustenta ao dar uma especificação da lei moral que, examinada de perto, não é outra coisa senão o desejo em estado puro, aquele mesmo que termina no sacrifício, propriamente falando, de tudo que é objeto do amor em sua ternura humana – digo mesmo, não somente

na rejeição do objeto patológico, mas também em seu sacrifício e em seu assassínio[9].

A moral kantiana *não é sem* objeto, demonstrou Lacan em *Kant com Sade*[10]. Por isso, não se trata, estritamente, de crimes que estão sob a égide da paixão, mas sim da recusa mais flagrante do sujeito *pathológico* até ficar explícita a natureza mais real do objeto. O amor, sob a regência do desejo puro, é uma modalidade do amor que não se pode distinguir da pulsão de morte: desemboca no sacrifício no altar do Outro ou em seu avesso, não menos mortífero, o assassinato do objeto de amor.

Quando a lei do desejo é o imperativo categórico, estamos no campo dos regimes totalitários, da vontade de gozo e, inclusive, de morte ante qualquer signo de alteridade. Como fenômeno de constituição libidinal de uma massa, o totalitarismo pode ser traduzido na massa de dois que é a paixão: produz-se a perseguição desenfreada, incondicional e cega desse obscuro objeto de desejo que todo objeto de amor, ao mesmo tempo em que encarna, encobre.

Nesse sentido, Lacan apresenta, na aula de 24 de junho de 1964, do Seminário 11, a fórmula: "eu te amo, mas, porque inexplicavelmente amo em ti algo mais que tu – o objeto *a* minúsculo, eu te mutilo"[11]. Essa fórmula, que hoje talvez alcance sua forma acabada mais sinistra na mutilação real do *partenaire* com o interesse de raptar esse agalma que causa o desejo, que é um *nada*, um vazio que está no seio de todo amor que se busca no Outro quando constitui o núcleo mais íntimo e irreconhecível de nosso ser, deixa seu saldo no real:

a passagem da mulher de objeto do desejo a mais-de-gozar, a mulheres reduzidas ao objeto resto, dejeto, muitas vezes encontradas mutiladas, literalmente, em sacos de entulho ou como lixo no acostamento de alguma estrada. Nem um a menos!

O que pode ofertar a psicanálise ante esse panorama tão desolador? Aquilo que ofereceu desde seu início, a abordagem do singular que fica apagado sob o par vítima-vitimizador e a crítica assídua dos discursos dominantes. É claro que a psicanálise não é, nem nunca foi, uma educação sentimental, mas às perturbações da vida amorosa oferece um tratamento que é também pela via do amor, desse amor paradoxal que Freud chamou transferência: um amor inédito que desengana o sujeito das ilusões do amor e permite condescender o mais mortífero do gozo a um desejo, que não seja puro, acrescento.

# Os seres sexuados se autorizam por si mesmos

Sandra Leticia Berta

## A significação de uma falta

Recentemente, escutei um relato de uma analisante que me fez gargalhar em plena sessão. Ela tem uma filha de 2 anos e meio. Estavam ambas no banheiro. A menininha esperta começa fazer xixi sentada em seu penico e, dissimuladamente, vai se levantando enquanto o xixi escorre por suas pernas. A mãe chama sua atenção e o seguinte diálogo se estabelece:

– Querida, você não pode fazer xixi em pé. Veja que está se molhando toda!

– Mas eu quero fazer xixi como o Pedro!

– Meu amor, você não tem pipi. Igual a mamãe.

– Mas eu quero ter um.

– Filha, você não tem...

– Não tem problema, mamãe, a gente compra um para mim!

Em maio de 2017, mais de 100 anos após a descoberta da psicanálise, podemos apreciar o valor clínico de uma cena cotidiana e engraçada como essa no que diz respeito à diferença... sexual. Trata-se de uma paciente que tem a virtude de narrar cenas que lembram os contadores de causos. Não sei o que ela pensou quando ri, mas o que lhe respondi foi: sempre a diferença!

Pipi ou não pipi? Eis a questão nessa cena, além da resposta astuta da criança que se incluía em um discurso de trocas. *Se eu não tenho, a gente compra*. Acrescento que essa fala está dirigida a uma mãe que transmite que o valor das coisas não está em consumir. Pelo contrário, é uma mãe sucateira, criativa, que faz brinquedos com papéis, panos velhos, lã etc. Portanto, se duplica a eficácia da resposta dessa pequena, diferenciando-se não só do amiguinho, mas também do discurso materno.

Sabemos que o pênis não é o falo, mas convenhamos que, ao dizer *falo*, temos uma mola para pensar a diferencia sexual. Somos herdeiros de Freud e ele considerara o atributo fálico enganchado a uma falta que chamou de rochedo da castração, dando à mulher e ao homem diferentes destinos a esse respeito.

Também podemos convir com o seguinte: falo é o termo que, na história da psicanálise, força a pensar a localização do ser falante na partilha dos sexos. Portanto, é um dos termos cruciais para as questões do desejo e do gozo, sendo o objeto *a* o outro operador dessa questão da diferença sexual. Afinal, ambos têm um estatuto de semblante do gozo pelo qual o seres falantes devem responder pelo simples fato de falar.



Efetivamente, a questão da diferença sexual se articulou à questão da falta. A primeira que podemos considerar é a falta imaginaria (-φ). A seguir, essa falta foi referida à passagem do *ser o falo* – que preencheria o desejo do Outro – para *ter o falo*. Ter o falo é, simplesmente, ter à disposição a falta. Essa significação só se sustenta na diferença simbólica que define o sujeito em sua divisão, uma vez que o sujeito é o que um significante representa para outro significante. O significante se define pela diferença, não tem identidade de si a si. Lembro ainda que a divisão do sujeito é um dos nomes do inconsciente estruturado como uma linguagem.

Como herança de Freud, Lacan articulou a diferença sexual em termos da significação fálica. Perante a falta – de ser e de ter –, o falo como significante e a consequente significação fálica, resultado da Metáfora Paterna que um pai pode transmitir, são a sua resposta. Do falo imaginário (-φ) ao falo simbólico, destaca-se a definição do último: significante da falta de significante.

Na relação do sujeito com o significante, "o falo é o significante privilegiado dessa marca, onde a parte do logos se conjuga com o advento do desejo"[1]. A parte perdida e sacrificada ao *logos* adquire valor de significante na passagem da necessidade à demanda, na qual o desejo se afirma como condição absoluta. O falo tem como referente a metonímia do ser do sujeito, e não o Outro. O falo, portanto, diz da encruzilhada que se impõe a todo ser falante nessa passagem da necessidade à demanda. Essa é a ética da falta que o sujeito deverá assumir, se houver quem a transmita. Caso se trate da psicose, a foraclusão dessa resposta de significação da falta também terá consequências, sem se eximir da referida ética.

Lacan avançou sobre essa questão da falta estrutural do sujeito. Ao longo de seu ensino, o falo foi articulado como significante, como símbolo, como materialidade da significação fálica, como função e como gozo. Acompanhemos um pouco esse percurso.

No final da década de 50 e no início dos anos 60, destacando o falo imaginário, o falo simbólico e retirando as consequências da Metáfora Paterna, o falo teve como referente o universal perante o qual o sujeito deveria se posicionar em termos de ser ou de ter. Não podemos negar aqui a herança desse binômio, uma vez que lembra a oposição ativo-passivo estabelecida por Freud. Nessa época, as premissas eram "ela é sem tê-lo" – "ele não é sem tê-lo". Ambas respondiam à premissa antes mencionada, qual seja "o falo é a metonímia do ser no sujeito". Nessa metonímia, a pergunta pela existência que o sujeito endereça ao Outro desliza.

A eficácia da Metáfora Paterna deixa como saldo o enigma do desejo. Não há, definitivamente, Outro do Outro, pois o Outro não tem a última palavra. O que o sujeito receberá como mensagem invertida é uma significação da falta. A isso chamamos *significação fálica*, marca de origem dessa operação pela qual o sujeito deverá responder em termos de desejo e de gozo a partir da construção da fantasia e do efeito paradoxal do sintoma.



Na fantasia, o objeto *a*, objeto do desejo – ainda não *objeto causa* –, se relaciona com o falo (-φ). Além disso, o falo é o objeto e o significante da castração. Atravessar o complexo de Édipo significa fazer o luto de ser falo. Nessa travessia, o sujeito está em uma relação narcísica com a falta e, consequentemente, com o objeto e com o significante da falta de significante. Por essa razão, Lacan dirá que a relação narcísica [*eu* – *i*(*a*)] e a relação do fantasma com o desejo [$\$\Diamond a$ – d] são homólogas. Sobre o falo como significante da falta de significante, resta dizer que o efeito será a *privação simbólica*, pois o sujeito está privado desse significante "último" de sua existência.

A menina quer ter um pipi como o do seu amigo. À falta de tê-lo, pode comprá-lo. Essa é a uma excelente ideia. Mas não resolverá a questão da diferença nem tampouco da falta. Entretanto, podemos suspeitar de que essa é uma ideia de troca que incide na gramática pulsional da criança em questão, marcando uma falta que nada tem a ver com o pipi. Tem a ver, evidentemente, com a relação dela com seu amiguinho que se chama Pedro e com o qual brinca e troca... palavras e significações.

## Uma diferença resposta da causa real

Voltemos à resposta da menina, que podemos escrever "+pipi/-pipi". A diferença estrutural do significante se reduplica, pois um significante é diferente de si mesmo, não há um significante que signifique a si mesmo. Freud nomeará essa diferença de *Fort-Da*. Tal diferença é índice do efeito negativizante da linguagem, que é a carne do ser falante. Como aponta Colette Soler, "o efeito nega-tivizante da linguagem permite a Lacan dizer que ela [a criança] joga com sua própria perda, escrevendo-a com seu objeto *a*"[2].



Trata-se de uma operação que, primeiro, se entende como resto: se não posso ter o gozo, terei os mordiscos do gozo, os quais Lacan chamou de versões do objeto *a*. O objeto *a* é aquele que sustenta a relação do sujeito com o que ele não é: ele não é o falo. Esse gozo que se pode obter recolhe-se na fantasia e no sintoma. Ambos são resposta à questão endereçada ao Outro: o que quer de mim? Então, ambos são resposta ao desejo e produzem gozo. Trata-se do gozo das zonas erógenas, as quais são efeito da gramática do inconsciente estruturado como uma linguagem.

Lembremos que Freud já nos havia advertido sobre a gramática da pulsão. Foi por essa razão que, para avançar sobre as consequências clínicas da falta oriunda da diferença estrutural do significante, Lacan teve que apurar suas elaborações sobre o objeto, diferenciando o falo do significante e também do objeto *a*. É o que se verifica do início dos anos 60 até o Seminário 19, *...ou pior*[3].

Precisamente, os primeiros antecedentes das novas elaborações sobre o objeto *a* podem ser encontrados no Seminário 6, *O desejo e sua interpretação*[4]. Em meu entendimento, o problema para Lacan era diferenciar, na falta-a-ser, o que era responsabilidade do falo e o que era responsabilidade do objeto, sempre articulados ao desejo e à demanda (pulsão). A entrada no Seminário 7, *A ética da psicanálise*[5], é uma retomada da Coisa freudiana, *das Ding*, para diferenciar as versões pulsionais do objeto, que se realizam na fantasia fundamental, e o objeto êxtimo que, apenas três anos depois, Lacan conceituará como objeto causa de desejo.



É o que se verifica no Seminário 10, *A angústia*[6], quando o objeto causa de desejo ganha estatuto real. Vale lembrar as reviravoltas que Lacan faz nesse Seminário para diferenciar o falo do objeto *a*. Isso porque ambos são índice da falta. Mas Lacan é categórico: se a falta fálica, com suas diferentes significações, pode enganar (o engano próprio ao mal-entendido da linguagem), a certeza do real da causa não engana e é endossada ao objeto *a*. Assim sendo, o objeto *a* é, ao mesmo tempo, resto da operação da causação do sujeito, causa real do desejo e objeto cessível. O aporte, aqui, é que esse objeto não pode ser reduzido às versões significantes.

Sobre o falo algo mais pode ser acrescentado na retomada do binômio ser-ter: "É esse, inclusive, o princípio do complexo de castração. Para poder ter o falo, para poder fazer uso dele, é preciso, justamente, não o ser"[7]. É impossível não evocar nessa frase o que Lacan dirá depois sobre o pai: há de se prescindir do pai para se servir dele. Se o falo articula o laço possível dos seres falantes pela posição sexuada, também é um *ponto limite* dessa negatividade que se postula como marca irredutível. Toda sua função de mediação se desenha a partir dessa definição e, por isso, ressalta-se sua incidência nas desventuras da copulação. A detumescência na hora da cópula é um dos exemplos sintomáticos destacados. Aqui, a resposta não depende tanto da significação dada ao desejo do Outro quanto dos efeitos de sustentar o falo como simulacro de uma totalidade. Nota de destaque é a aproximação da angústia ao orgasmo, com diferentes versões conforme a divisão na partilha dos sexos.



Nos anos que se seguiram, Lacan fez uso da topologia para diferenciar a divisão do sujeito – sempre definido pelo que um significante representa para outro significante – e o objeto *a*. A superfície do cross-cap lhe forneceu as coordenadas para localizar o corte de $\$\lozenge a$ e diferenciar o objeto do Um contável. A incomensurabilidade do objeto se matematizou com a escrita do *número de ouro*, 1+a. Esse percurso é índice da articulação do objeto causa de desejo com o objeto mais-de-gozar, mais-valia da economia da relação/proporção que não há.

A formalização do fantasma fundamental se apoiava no plano projetivo, no qual o objeto *a* era o farrapo que se recortava e se destacava após as voltas moebianas do sujeito. Algo se anunciava nesse uso da topologia: o objeto *a* do fantasma incluía uma operação, a condição de considerar o "ponto impróprio" do plano projetivo, ponto esse que albergava o infinito atual – uma colocação em ato do infinito – junto a seu parceiro, o sujeito, esse localizado entre o zero e um, acompanhando a *conceitografia* de Frege.

Dito objeto, nas diferentes versões da satisfação pulsional, jamais será da ordem do significante, mas acolhe e condensa um gozo particular que faz parceria com a divisão estrutural do sujeito. Anos depois, em *O Aturdito*[8], a *a-esfera* refere-se ao fantasma, porém não se esgota nisso.

Precisamente, como a questão do objeto *a* não se esgotava em sua localização no fantasma, nem mesmo na definição da sua não especularidade, Lacan avança para a sua invenção. Avança paradoxalmente, pois se a invenção é algo novo, como é possível avançar na direção de uma invenção? Ele o fazia sustentando que o referido objeto oferecia um lugar a-tópico, que ia além dos objetos. "Substâncias episódicas" que não abrangiam essa condição de ex-sistência, própria ao objeto *a* – uma das suas duas invenções, sendo a outra o enodamento RSI, a heresia.

Nessa trilha, o objeto *a*, após ter sido articulado no lugar do semblante, no discurso do psicanalista, ganha sua perícia gramatical, em 1972, na frase "peço-te que recuses o que te ofereço porque: não é isso"[9]. A diferença radical entre o objeto da demanda e o objeto causa de desejo foi aí apontada, advertindo-nos de que o analista tem que negligenciar a demanda para que a causa se *a-presente*. Vale lembrar, ademais, que o falo como significante recebeu também o estatuto de semblante.

## Autorizar-se de si mesmo

A escrita do gozo fálico, JΦ, será produzida quando Lacan superar o binômio ser-ter que supunha a universal do falo. Esse, entre o Seminário 19, *...ou pior*, e o Seminário 20, *Mais, ainda*[10], passará a funcionar nos quantificadores. Antes disso, porém, o falo deve passar de significante para função e, por isso, a importância de considerá-lo um semblante.

A função fálica evoca a função no sentido matemático que lhe deu Frege – *f (x)* –, passando do universal para o singular. O valor dado ao *x* não pode ser universalizável. Com isso também se indica a posição sexuada do falasser (*parlêtre*) perante o enigma do sexo. A opção sexuada diz do valor de uso do gozo e do valor de intercâmbios, sempre singular. Essa passagem é fundamental, pois o falo deixa, excede, sua função de mediação ou função transitiva. Destarte, a escrita *f(x)*, que Lacan escreverá Φ(x), é o resultado das elaborações sobre o gozo.

No Seminário 20, encontramos uma observação sobre o objeto *a* que inclui a dimensão temporal. Na verdade, trata-se de uma retomada do objeto com raízes na temporalidade lógica destacada no escrito *O tempo lógico e a asserção da certeza antecipada*[11], seja na constituição do sujeito, seja no percurso de uma análise. Lacan refere-se ao apólogo dos 3 prisioneiros, em que cada um leva sua marca como *traço unário* + *a* e o tempo se inscreve como adiantamento possível do ato do semelhante, o que causa, pelo próprio ato, a pressa em concluir.

Na aula de 16 de janeiro de 1973, diz:

> Em outros termos, eles são três, mas, na realidade, são dois mais *a*. Esse dois mais *a*, no ponto do *a*, se reduz, não aos dois outros, mais a Um mais *a*. Vocês sabem, aliás, que já usei estas funções para tentar representar para vocês o inadequado da relação de Um a Outro, e que já dei como suporte a esse *a* minúsculo o número irracional que é o dito número de ouro. Na medida em que, pelo *a* minúsculo, os dois outros são tomados como Um mais *a*, é que funciona o que pode dar com uma saída na pressa[12].



A seguir, Lacan observa que dessa incomensurabilidade do *a* somente se pode esperar uma escrita. Não tanto o que se ouve, mas o que dessa não-relação do Um ao Outro pode se escrever. Como ele diz, o enxame dos uns se escreve Um. A escrita do *a* somente é possível – cessa de se escrever – porque ele é causa dessa temporalidade pela qual a escrita dessa não-relação se produz: "(...) na escrita se joga com algo de brutal, de tomar por uns todos os uns que se quiser"[13].

Foi necessário passar da escrita da significação fálica – extraída da metáfora paterna, articulando a castração imaginária (-$\varphi$) e a castração simbólica ($\Phi$) –, em direção ao significante do gozo fálico ($\Phi$), à função fálica ($\Phi x$). Localizo essa passagem em dois parágrafos do texto O *Aturdito*:

> Não há nenhum exagero, no que concerne ao que a experiência nos oferece, e situar na questão central do ser ou do ter o falo a função que supre a relação sexual. Daí uma inscrição possível (na significação em que o possível é fundante, leibniziano) dessa função como $\Phi x$, à qual os seres responderão segundo sua maneira de ali fazer um argumento. Essa articulação como função é a de Frege[4].

Essa passagem eleva o falo ao nível da função *f(x)*, na qual o *x* da proposição é índice do lugar vazio a ser ocupado por um "objeto", sendo o argumento que define e decide a significação. O *x* indica, portanto, o lugar vazio da função. Possibilita-se, com isso, uma diferenciação entre a função fálica (universal) e a singularidade com que cada um escreve (possível) sua castração (entre a contingência e o impossível) e, consequentemente, um ter que saber fazer uso dela, isto é, saber fazer-aí-com-ela (*savoir-y-faire*).

Advirto que essa citação de O *Aturdito* está precisamente antes das elaborações sobre os quantificadores, sobre os aportes que Lacan fez negando o quantificador existencial ($\overline{\exists x}$) no qual temos que ler o não-todo. Tomando a função fregeana, Lacan constrói suas definições sobre as categorias modais e, a partir daí, propõe o quadro da sexuação[15].

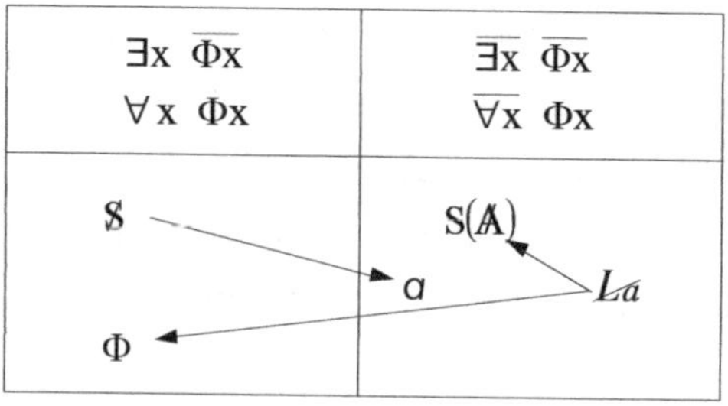


Sabemos das críticas feitas a Lacan por causa da distribuição "lado homem"/"lado mulher". Porém, antes que se considere que essa seja uma vacilação de Lacan ocasionada pela casuística, temos que sugerir aos críticos a leitura da elaboração minuciosa sobre a lógica que Lacan faz no Seminário 19, *...ou pior*, quando passa do Um de Parmênides à "bifidez" entre o Uniano e o Unário, vociferando aos muros "há do Um" (*Il y a de l'Un*). Indico também a leitura do livro de Guy Le Gaufey, *O não todo de Lacan*[16], no qual demonstra, pela via da lógica, a referência que possivelmente Lacan teria feito ao texto *La proposition particulière et les preuves de non-concluance chez Aristote*, de Jacques Brunschwig[17]. De minha parte, advirto que a expressão *parlêtre* foi cunhada no Seminário 20.

Feita essa ressalva, no lado esquerdo das fórmulas da sexuação, lemos que a universal conserva a primazia do falo na regulação dos gozos a partir da exceção que nega a função, $\exists x\,\overline{\Phi x}$, e da distribuição *para todo* dos que nela se inscrevem, $\forall x\,\Phi x$ (categoria modal possível). Do lado direito das fórmulas, reina o não todo $\overline{\exists x}\,\overline{\Phi x}$ (categoria modal do impossível). Isso significa que os *parlêtre* privados da função fálica não têm nenhuma exceção a fazer, ou seja, não há nenhum x para não satisfazer a função $\Phi$ e "não obstante aqueles que se satisfazem não constituem um conjunto de elementos que satisfazem"[18].

Trata-se das elaborações sobre um gozo que não se revela em termos da castração, o que não significa dizer castrados/não-castrados. Porque não tem jeito: que cada um escolha o que quiser no seu imaginário, mas, para fazer laço possível no encontro sexual, a dimensão da castração é condição. A contingência, $\overline{\forall x}\, \Phi x$, é da ordem do evento e marca a impossibilidade de fazer conjunto, ou seja, se algo de um Outro gozo pode ser vivido, não poderemos dizer "alguns", e sim Um a um, $\overline{\forall x}\, \Phi x$.

No ano seguinte, no Seminário 21, *Les non-dupes errent*[19], Lacan articula o modal, amplamente trabalhado nos Seminários 19 e 20, com o nodal – também acrescentado em ambos os Seminários. O objeto *a*, ponto de calço de RSI, vem no lugar do *x* das fórmulas da sexuação. O *x* se apresenta para o ser sexuado... A localização do objeto *a* no *x* da função fálica parece condensar o que foram as elaborações do objeto *a*, já destacadas aqui.

Dito de outro modo, e no que diz respeito a essa função, a escrita de *a*, com sua localização como sendo o *x* das fórmulas da sexuação, permite escrever na função fálica que "o ser sexuado não se autoriza senão de si mesmo... e por alguns outros"[20]. Assim o dissera Lacan na aula de 9 de abril de 1974, na qual evoca o analista "da minha Escola".

Esse *x* da singularidade, da marca da castração para cada sujeito, o habilita tanto para desejar quanto para fazer seu pertinente mordisco ao gozo. Além disso, antecede a formalização do objeto como operador do calço entre os campos do gozo – gozo fálico, gozo do Outro e gozo-sentido – no nó borromeano. Se o objeto *a* se articula com a função fálica, resta dizer que esse objeto é um nome da não relação.

Precisamente, no Seminário 21, *Les non dupes...*, o objeto *a* faz borda ao furo nos calços (*coinçage*) de RSI. Nessa aula de 9 de abril de 1974, Lacan disse que o objeto *a* foi sua invenção. Invenção localizada no nível do escrito e da letra. Contudo, essa dimensão do escrito tem como condição a temporalidade aqui já apontada. Sua invenção inclui o tempo, "pois o objeto *a* está ligado à dimensão do tempo. É completamente diferente daquilo que é o dizer"[21]. Observo também que, ainda nessa aula, Lacan retoma a temporalidade e a escrita, assim como tinha feito um ano antes em *Mais, ainda*. A referência ao apólogo dos 3 prisioneiros é retomada.



Entendo que, com isso, ele dá um passo a mais para destacar o três do nó borromeano. Sem esse três, não há dois possível. O três temporal – instante de ver, tempo de compreender, momento de concluir – se articula à cardinalidade do nó borromeano – 3=1. Nesse mesmo movimento argumentativo, Lacan localiza o objeto *a* entre o modal e o nodal. Parece-me que sua estratégia é apresentar o objeto *a*, letra que se escreve como borda do calço dos campos do gozo. Cito:

> O objeto pequeno *a* é aí que isso se ata. Há, portanto, aqui, duas faces do objeto pequeno *a*, uma face que é tão real quanto possível, pelo fato de que isso se escreve.

> Vocês veem o que eu tento fazer aí, eu tento lhes situar o escrito, e isso vai longe de avançar aí como essa borda do real, situado sobre essa borda[22].

Assim, o objeto fica localizado ali onde agencia os pontos de calço de cada um dos registros. Ele se produz como escrita da função fálica (fregeana) e opera nos campos do gozo, fazendo borda ao real. Portanto, ele opera e é índice do real no gozo – marcas do gozo –, tendo como função ser separador e regulador do JȺ (gozo do Outro – "entre" real e imaginário), do JΦ (gozo fálico – "entre" simbólico e real) e do gozo- sentido ("entre" imaginário e simbólico). Esse objeto, que já tem estatuto de letra, é índice da *não relação*. Contudo, possibilita que se promova, nos pontos de calço, o enodamento.

Em setembro também de 1974, na conferência proferida em Roma, *A terceira*[23], Lacan acrescenta que, ao oferecer esse objeto como causa do desejo do analisante, ele se torna o núcleo elaborável do gozo, mais de gozar e condição de dita elaboração. Dessa elaboração, depende a relação com o corpo, com o gozo fálico e com o parceiro. Esse gozo *ex-siste* ao corpo e se faz elaborável pela função do objeto *a*. Fazer-se um corpo afetado pelo enodamento RSI depende disso.



Relembro o que diz Lacan, também em *A terceira*, sobre a primeira masturbação: isso arrebenta a tela. O gozo resta, sempre opaco, não-todo assimilável à economia da castração. Por isso, Lacan o nomeia gozo do Outro, Outro gozo e Outro sexo. Esse gozo que resta opaco não entra na economia do "compra um para mim!". Assim, para o que é da castração e para o que é do Gozo Outro como real, a resposta é autorizar-se de si mesmo.

Nossa pequena, com seus 2 anos e meio, nos diz de sua primeira crença. Se, a essa altura da vida, já formula essa equação, podemos suspeitar de que, posteriormente, terá como se virar.

# O gênero da psicanálise

Luciano Lutereau

PARA FREUD, A PSICANÁLISE era um método de interpretação da cultura. Mas uma interpretação não entra, necessariamente, em conflito com outras? No cenário contemporâneo da chamada "questão de gênero", a psicanálise pareceria, em alguns momentos, fechada em sua própria perspectiva. E quanto aos estudos de gênero? Não discutem, às vezes, com uma psicanálise de "sentido comum", trivialmente falocêntrica?

Passou-se do *obstáculo* à *comodidade* epistemológica? Parece que os analistas buscam se assegurar em suas categorias – com uma clínica restrita – e que os pesquisadores de gênero já sabem de antemão aquilo que esperam confirmar ao reduzir a prática da psicanálise a um conjunto de postulados teóricos, dos *cultural studies*. Como transformar um diálogo impossível em uma conversa infinita?



Este trabalho considera o gênero menos como uma especialidade do que como a própria textura da pergunta analítica: questionar o binarismo sexual. Para isso, discutiremos acerca de certas configurações críticas da sociedade contemporânea, a fim de delimitar alguns aspectos estruturais – sem considerar que a estrutura seja essencial ou trans-histórica, mas, nem por isso, descuidando de sua condição significante.

## A mulher não existe

Nossa época é particularmente sensível aos discursos do "já não há". Já não haveria homens, mulheres, pais etc. Não obstante, um dos problemas desse tipo de posição enunciativa é supor um tempo precedente, no qual *teria havido*. Assim, essa figuração nostálgica realiza o mais básico dos mitos neuróticos: a suposição de uma referência idealizada que seria uma exceção à castração, a qual fica, então, degradada a uma frustração contemporânea e perde seu valor estrutural.

Essa imaginarização neurótica no pensamento da época pode ser encontrada em diversas aproximações sociológicas de nosso tempo, seja que se fale da "era do vazio", dos "tempos líquidos", da "sociedade do cansaço", entre outros. Sem dúvida, não é meu propósito invalidar essas perspectivas – o que, como psicanalista, seria uma ousadia temerária –, mas questionar sua intromissão apressada nas reflexões psicanalíticas sobre a atualidade. Reflexões essas que se constroem, por exemplo, sobre oposições triviais, como as da "sociedade do desejo *versus* sociedade do gozo", "mundo da proibição *versus* mundo do empuxo à satisfação", "Lei *versus* mais de gozar" etc. A própria psicanálise torna-se, assim, uma imitação sociologizante, uma paródia de discurso normativo.



Como era diferente a orientação de Freud em *O mal estar na civilização*[1], quando se dedicou a esclarecer o paradoxo do supereu! Em uma leitura na contramão dos fenômenos sociais, na disposição à renúncia pulsional, Freud descobriu clinicamente um aumento da severidade da moral cultural. Aquilo que aparentemente liberava, produzia, na verdade, um maior submetimento. Nada mais distante dessas fórmulas que determinam um antes e um depois – a modernidade e a pós-modernidade – do que o método freudiano que escolhe algo atual, de seu tempo, e o interroga para descobrir uma fibra íntima, algo diferente daquilo que se apresenta como evidente. Freud fazia uma interpretação da cultura como se essa fosse um sintoma. Nesse sentido, seu ponto de vista converge com o de Foucault no primeiro volume de *História da sexualidade*[2], quando o filósofo advertira que, por trás da suposta repressão vitoriana, fazia-se manifesta a colocação em cena de um dispositivo mais rigoroso para falar da sexualidade.

Detenhamo-nos um momento em uma indicação crucial da obra foucaultiana. A passagem da sociedade disciplinar à sociedade de controle implicou mudança significativa do modo de administração biopolítica da cultura. Isso é algo que se verifica na conjuntura atual, conhecido como "instituições explosivas", frente ao avanço mais recente do capitalismo – que tira as esperanças de qualquer ilusão neo-marxista de uma revolução por meio da luta de classes. A sociedade de controle exerce seus melhores efeitos na distribuição de serviços e na estetização informática. É curioso notar que alguns autores confundam isso com uma "feminização" do mundo. É surpreendente que a resposta à máxima lacaniana "A mulher não existe" confronte a virilização que está por toda parte.

Por isso, de volta a nosso ponto de partida, poderíamos estabelecer a distinção entre os discursos "já não há" e "não há", da relação sexual. Esse último, correlativo à ideia de que "A mulher não existe", sentencia que há uma questão estrutural que, conforme a época, ganha diferentes modos de tratamento. Porém, como entender a negação da existência dA mulher?

Em primeiro lugar, é importante considerar que a formulação dessa referência tem como âmbito conceitual os desenvolvimentos da sexuação. Essa advertência é valiosa na medida em que permite evitar um erro comum: interpretar o gozo feminino como uma espécie de exceção ao fálico. Essa leitura não faria mais do que corroborar o lado homem das fórmulas da sexuação, que situa o pai como caso excepcional, como "aquele que *não*". Dito de outro modo, não fálico não é equivalente a feminino. E, certamente, a postulação de um gozo que não estaria afetado pela castração é, como dissemos no início, uma suposição neurótica.

Em segundo lugar, a não existência dA mulher também não deveria ser entendida em termos de contradição. Esse é outro princípio da lógica aristotélica transgredido na sexuação lacaniana. Os seres falantes podem se distinguir entre homens e mulheres, mas isso não quer dizer que homem seja uma não-mulher. A bissexualidade freudiana é, efetivamente, um modo de nomear que cada ser sexuado pode dispor de diferentes semblantes femininos e masculinos para responder à questão do saber impossível sobre o sexo. É por essa via que o debate com os estudos de gênero não culmina necessariamente em um obstáculo, desde que a identidade não exclua a identificação e tampouco essa expressão, tão em voga em nossos dias, sobre a "autopercepção" relativa aos tipos ideais do sexo.

Não necessariamente culmina em um obstáculo, mas poderíamos nos perguntar quão interessante pode ser.

Dentre os estudos de gênero, recorta-se a perspectiva da posição feminista. Essa também está longe de ser unívoca. Há uma distância considerável entre os que afirmam que vivemos em uma sociedade patriarcal e machista e a seguinte observação, realizada por Judith Butler em *Problemas de gênero*:

> a urgência do feminismo no sentido de conferir um *status* universal ao patriarcado, com vistas a fortalecer aparência de representatividade das reivindicações do feminismo, motivou ocasionalmente um atalho na direção de uma universalidade categórica ou fictícia da estrutura de dominação, tida como responsável pela produção da experiência comum de subjugação das mulheres[3].

Nesse sentido, a conversa entre a psicanálise – com suas diferenças intrínsecas – e distintas versões feministas é uma tarefa pendente e não inválida, dado que o feminismo pode ser uma posição militante. A psicanálise de nosso tempo é especialmente sensível a essas concepções e, eventualmente, mostra-se suscetível. Assumir a perspectiva do feminismo é importante para que a psicanálise possa revisar também certa orientação totalizadora e essencialista que se reflete em considerar a masculinidade algo "fechado" e a feminilidade, por sua vez, uma espécie de abertura a um Outro absoluto.

À psicanálise poderia valer a mesma revisão que Butler propõe ao feminismo:

> A crítica feminista tem de explorar as afirmações totalizantes da economia significante masculinista, mas também deve permanecer autocrítica em relação aos gestos totalizantes do feminismo. O esforço de identificar o inimigo como singular em sua forma é um discurso invertido que mimetiza acriticamente a estratégia do opressor, em vez de oferecer um conjunto diferente de termos[4].

Em nossos dias, certas perspectivas psicanalíticas reduziram a masculinidade a uma *essência*: o falicismo. Dizer "A mulher não existe" também implica questionar todo essencialismo na psicanálise, como forma de repensar a diferença sexuada justamente em seu valor diferencial, e não para propor um termo como evidente e sacralizar o outro – o Outro! – em um intuicionismo místico. A potência das fórmulas da sexuação em Lacan tem outra direção, muito mais radical: questionar o binarismo que opõe o masculino ao feminino e, assim, questionar que um termo possa funcionar como suporte implícito na definição do outro. Nesse sentido, o feminismo crítico pode ser uma via privilegiada para que a psicanálise não se extravie em propostas regressivas e pré-analíticas.



## Posições femininas

Uma das particularidades das fórmulas da sexuação, no ensino de Lacan, consiste em fazer um risco na escrita do "A" próprio à mulher. Afirmar "A mulher não existe" é um modo de entender essa operação, isto é, não haveria uma essência sobre o que é ser uma mulher. Entretanto, que não haja um ser feminino não exclui que uma mulher possa fazer semblante da mulher que não existe. Essa é uma maneira de dizer que ela é "não-toda", ou seja, pode encarnar o mistério da feminilidade sem recair em uma consistência – que poderia ser somente narcisista. Foi nesse sentido que Lacan sustentou, em *De um discurso que não fosse do semblante*[5], que a mulher somente sabe gozar da ausência.

Não obstante, outra maneira de pensar que, para além de um ser feminino, encontramos posições femininas, consiste em localizar que do A barrado saem, na fórmulas da sexuação, dois vetores. Um deles se dirige ao falo como símbolo. Esse é um aspecto crucial, pois, em tais fórmulas, esse vetor se dirige ao campo do masculino: sob o matema do sujeito dividido, o vetor aponta o falo. Poderíamos interpretar essa sequência do seguinte modo: se a inclusão da mulher no fantasma masculino a reduz a um objeto – esse obscuro objeto do desejo que Lacan chamou de "a" – a verdade da posição masculina, baseada na excelência e nos mil artifícios que levam o homem a "se fazer de homem", sendo a demonstração parte da cena –, apoia-se em que seu semblante sustente a castração.



Em última instância, isso é o que entendemos a partir de uma afirmação de sentido comum que diz: "por trás de um grande homem, existe sempre uma grande mulher". Poderíamos também relembrar a atriz argentina Norma Pons que, há alguns anos, após ratificar seu papel de eterna amante, e nunca de esposa, falou sobre esse instante em que um homem se rende sobre o peito de uma mulher: "Esse minuto [quando o homem conclui o ato sexual]... e vê-lo ali [ao homem]... não há momento mais maravilhoso. Por isso, Deus meu, benditos sejam os homens por esse minuto".

A decepção masculina em relação a uma mulher que não consente a essa posição, talvez por sucumbir com grande ênfase ao engano fantasmático, no qual um homem nunca está ali como tal – a não ser como ideal ou impostor –, pode ser vista no sofrimento expresso na frase de Ricardo Mollo, cantor argentino, na música *Spaghetti del rock*: "as múmias deste amor pedem o ator daquilo que fui". Certamente, seria possível pressupor que há uma variedade clínica nas razões que levam mulheres, no intuito de se defender dessa condição feminina, a uma análise: não só a histeria e a prova de amor – esperam que um homem seja um "órgão ereto" constante, que sempre responda em tempo e em forma –, mas também a fuga mais comum que muitas mulheres contemporâneas, a partir de uma atitude pseudo-feminista, empreendem quando se encontram com um homem que as coloca na causa de seu desejo.

John Lennon, a seu modo, também dava conta do



alívio, e agradecimento, que produz em um homem o encontro com uma mulher que suporte sua destituição: "Mulher, eu sei que você compreende a criancinha dentro do homem". A fugitiva de nosso tempo sai correndo do fantasma obsessivo de ser a mãe de seu parceiro, recusando o encontro com a posição lúdica ou infantil dele. "Caiu", dizem muitas delas. Seria válido apenas acrescentar que somente os ideias caem.

Entretanto, há outro vetor nas fórmulas da sexuação, aquele que se dirige ao significante da falta do Outro. Do lado feminino, pode haver um gozo referido ao indizível, não porque não possa ser dito, mas porque toca a condição do dizer mais além – ou mais aquém – da divisão subjetiva. É do lado masculino que encontramos o sujeito em falta – potente ou castrado. Para a mulher, por sua vez, não vale essa disjunção. "À mulher não falta nada", dizia Lacan. Ainda assim, ela busca se localizar como sujeito ali onde falta a referência da castração. Eis aqui o ponto em que a palavra amorosa encarna um suplemento ao gozo fálico. O modo como uma mulher pode gozar do amor, do falar erotizado, é o que caracteriza um gozo feminino que, como tal, não deve ser confundido com nenhum misticismo ou sensibilidade inefável.

Há alguns anos, um vídeo intitulado "Nem uma só palavra de amor" expressava essa conjuntura. Apenas por um equívoco se consideraria essa disposição como uma reclamação histérica. Do mesmo modo, o site *Así no me vas a coger, pelotudo*[6] denota que o feminino não implica o consentimento ao sexual pela via amorosa. Não há reprovação pior para um homem do que ser chamado de enganador. Também não há melhor convite à conversa do que dizer "ele deve dizer isso para todas", na medida em que o homem deve demonstrar que não fala À mulher, já que não existe, mas fala para essa que está na sua frente.



## A destituição masculina

Faz alguns anos, a propaganda de uma conhecida marca de cigarros mostrava um homem que, ao encontrar uma jovem cujo carro estava quebrado em uma ponte, valorizava seu saber técnico, consertava o motor e, em seguida, a convidava ao prazer de fumar juntos encostados no parapeito. O ato estava consumado. Já uma propaganda recente, desta vez de uma marca de chicletes, mostra um jovem que se gaba de pilotar helicópteros, mas, quando tem que demonstrar suas habilidades, revela a farsa e confessa à garota: não sabe pilotar helicópteros, mas, mesmo assim, seu desejo o autoriza a esse encontro.

Há uma diferença de trinta anos entre uma imagem e outra. A conclusão não é difícil de perceber: o homem de nosso tempo já não se compraz com a potência fálica como estratégia de aproximação ao Outro sexo. Inclusive, pode-se dizer que é o contrário: o homem contemporâneo se destitui do falicismo, chegando até a ridicularizá-lo. Dito de outro modo, poucos homens, hoje, teriam sucesso, ao menos é o que parece, em uma posição como a de Humprey Bogart. O herói, ou melhor, o anti-herói de nossos dias está mais próximo ao brilhante e deselegante Woody Allen.

Quais as consequências dessa mudança de posição? De modo resumido, o homem de hoje tem pouco a oferecer, se esquiva da repreensão – dizendo: "não te prometi nada" – , o que faz com que não se sinta em dívida com o Outro sexo. A dimensão do pacto, enunciada com o sintagma "tu és minha mulher", deu lugar à destituição do risco. O homem contemporâneo escolhe ter pouco a perder e deixa a dimensão da expectativa – que sempre decepciona – às mulheres, para as quais a perda não se inscreve necessariamente no complexo de castração. "Não esperes nada de mim, nada de mim", diz uma canção de Babasónicos, banda argentina de *rock*.

A destreza fálica é hoje campo fértil às mulheres, enquanto os homens começaram a padecer de sintomas típicos que, em outros tempos, eram considerados femininos: ciúmes, medo de perder o amor, preocupação com a imagem física, entre outros. O homem apaixonado de nosso tempo, costumam se queixar algumas mulheres, recorre a estratégias impróprias: dar a ver seu desejo com desdém, seduzir a partir da subtração, adiar o encontro etc. Disso advém, na atualidade, a lamentação generalizada de que os homens "são histéricos".

Aliás, certa vez, uma analisante contava a seguinte anedota: dois amigos estavam em via pública e, um deles, xavecava mulheres. Uma delas respondeu com um sorriso e se aproximou. Diante disso, esse rapaz disse ao amigo: "vamos embora porque elas nos deram bola!". Isso ilustra que passamos do homem que tinha que assumir a divisão subjetiva da vergonha no encontro com corpo a corpo com mulher ao homem que goza da cena que constrói e sustenta à distância.

Do ponto de vista da psicanálise lacaniana, poderíamos dizer que o homem atual já não se situa a partir dos semblantes de mestre ou de saber para encarar o Outro sexo. Essas formas discursivas cederam lugar a outras: à posição histérica que, nesses casos, interroga a feminilidade em busca de saberes supostos – como ilustra o aparecimento das "escolas de sedução" – ou, eventualmente, à posição de objeto que busca a divisão do sujeito cuja verdade seja uma marca – "Não quero que leves de mim nada que não te marque", diz uma canção de Jorge Drexler.

## Já não há homens, há feminicídios

Em 2005, o músico Gabo Ferro lançou o disco *Canciones que un hombre no debería cantar*. O título provém da frase que, em 1959, Édith Piaf teria dito após escutar Jacques Brel cantar *Ne me quitte pas*: "Um homem não deveria cantar coisas assim!", exclamou em Paris.

Nessa canção, Brel interpretava um homem que suplicava não ser abandonado. O que pode ter de escandaloso um gesto como esse? Nas palavras de Ferro: "seria, por acaso, ver um homem em uma posição que certa, ou melhor, que grande parte da sociedade e da cultura atribuem, com raras exceções, à mulher?". Cabe ainda acrescentar a essa pergunta outra: "que coisas deveríamos, então, nós, homens, cantarmos?".

Há alguns anos, fala-se, no âmbito da psicanálise, de certa "feminização do mundo". A expressão é curiosa. Retoma, por um lado, a chamada "estetização da vida cotidiana", sobre a qual alguns filósofos, dos anos 80 até hoje, já falaram. Por outro, acrescenta um matiz suplementar, referido à questão das posições sexuadas.



Em um sentido amplo, o ponto de vista comum entende essa expressão em função de uma maior disposição das mulheres para ocupar lugares anteriormente ocupados por homens. Não se pode, contudo, afirmar com certeza que se trata de algo universal, bem como que esse acesso seja um índice de feminilidade. Em vários casos, não demonstra mais do que a aptidão masculina de algumas mulheres, sua competência à destreza fálica.

Estas linhas avançam em sentido contrário. Antes de uma ascensão feminina à esfera pública, determinados fenômenos sociais contemporâneos demonstram que os seres humanos, homens e mulheres, já não têm interesse em continuar associados à potência do falo. Essa poderia ser uma forma menos boba de entender o desenlace do patriarcado. Já não há homens... no sentido tradicional da palavra.

Tomemos um exemplo. É comum, hoje em dia, falar em "feminicídios". Avaliar a pertinência dessa categoria não é muito interessante. Melhor darmos atenção à seguinte circunstância: esse tipo de violência estaria vinculado à consideração da mulher como objeto. Contudo, em diversos casos, comprova-se o contrário. É o que ocorre quando, muitas vezes, o homem que ataca a mulher o faz movido pelo ciúmes. O homem ciumento de nosso tempo já não vai atrás de seu rival, ao qual, em outra época, desafiaria em um duelo. Ele, pelo contrário, vive atormentado pelo gozo que supõe à mulher. "Enquanto estou aqui falando, ela, com certeza, está curtindo...", dizia um analisante enquanto se contorcia no divã.

Já não há duelo, já não há homens. Existem somente os retornos imaginários do gozo que se supõe às mulheres. Porque, se como dizia Lacan nos anos 70, "A mulher não existe", só nos resta fantasiá-la. Esse é o sonho eterno do mundo contemporâneo. A mulher já não é objeto, mas sujeito suposto ao gozo. Essa hipótese poderia tornar inteligível muitos dos atos violentos de nossa época.



No seminário *A relação de objeto*[7], Lacan propôs algo inquietante ao comparar o homem contemporâneo ao caso de Freud conhecido como o *Pequeno Hans*. A ideia também é atraente. Afinal, hoje em dia, não se afirma que muitos dos homens são fóbicos?

Todavia, melhor do que definir um tipo clínico, talvez seja mais interessante localizar a posição de criança em que estão os homens de nosso tempo. Isso é algo que Lacan também soube entrever, em *Alocuções sobre as psicoses da criança*[8], quando se referiu à nossa época como sendo a da "criança generalizada".

Certa ocasião, um analisante anunciava sua separação nos seguintes termos: "solteiro de novo". A pergunta com a qual o interpelei foi inequívoca: "solteiro ou em adoção?". Já não há homens, mas crianças, em um mundo que somente oferece a possibilidade de consumir a falta de experiência.

# Notas

## Prefácio à edição argentina

1 http://www.champlacanien.net/public/4/ifPresentation.php?language=4
Internacional dos Fóruns do Campo Lacaniano – Posição da IF, pelo CRIF 2014-2016: Andrea Dell´Uomo, Beatriz Maya, Carmen Nieto, Florencia Farias, Manuela Valcárcel, Leonardo Rodriguez, Patrick Barillot, Sandra Berta.

## Escolha do gênero e escolha do sexo

1 KIERKEGAARD (*Tratado da angústia*, 1844) radicaliza, dessa forma, sua crítica à ficção de todo-saber hegeliano, segundo o qual todas as mediações seriam possíveis.

2 *La voix dans la différence sexuelle*, R.E.C., vol. 31.

3 FREUD, S. (1925) Algumas consequências psíquicas da distinção anatômica entre os sexos. In: *Edição Standard Brasileira das Obras Psicológicas Completas de Sigmund Freud*, Tradução sob a direção de Jayme Salomão. Rio de Janeiro: Imago, 2006, vol. XIX, p.281.

4 LACAN, J. (1962-1963) *O seminário, livro 10: a angústia*. Versão brasileira de Angelina Harari. Rio de Janeiro: Jorge Zahar Editor, 2005, p.262.



5 AMIS, M. *Água pesada e outros contos*. São Paulo: Companhia das letras, 2001.

6 LACAN, J. (1971/1972) *O seminário, livro 19: ...ou pior*. Versão brasileira de Marcus André Vieira. Rio de Janeiro: Zahar, 2012. Lição de 8 de dezembro de 1971.

7 "A grande questão que jamais foi respondida e que ainda não fui capaz de responder, apesar de meus trinta anos de pesquisa da alma feminina, é: O que quer uma mulher?".

JONES, E. *Vida e obra de Sigmund Freud*. Rio de Janeiro: Zahar Editores, Vol.2, 1979.

8 LACAN, J. (1966-1967) *A lógica do fantasma*. Recife: Centro de estudos freudianos do Recife, 2008, p.409.

9 LACAN, J. (1972-1973) *O seminário, livro 20: mais, ainda*. Versão brasileira de M. D. Magno. Rio de Janeiro: Jorge Zahar Editor, 1985, p.100.

10 *Ibid.*, p.142.

## Homofobias psicanalíticas

1 MAYA, A. C. L. *Homossexualidade: Saber e Homofobia*. Rio de janeiro, 2008, 178f., Tese (Doutorado em Teoria Psicanalítica) – Universidade Federal do Rio de Janeiro, 2008.

2 SCHIRMER, A. *Homofobia, véu do real*. São Paulo, 2016, 178f., Tese (Doutorado em Psicologia Social) – Pontifícia Universidade Católica de São Paulo, 2016.

3 ROUDINESCO, E. (2013) *A psicanálise à prova da homossexualidade*. In: QUINET, A. e JORGE, M.A.C. (Orgs.) *As homossexualidades na Psicanálise: na história de sua despatologização*. São Paulo: Segmento Farma, 2013, p.117.

4 LACAN, J. (1964) Ato de fundação. In: LACAN, J. *Outros Escritos*, Rio de Janeiro: Jorge Zahar Editor, 2003, p.229.



5 LACAN, J. (1967) Proposição de 9 de outubro de 1967 sobre o psicanalista da Escola. In: LACAN, J. *Outros Escritos*, Rio de Janeiro: Jorge Zahar Editor, 2003, p.262.

6 *Ibid., loc. cit.*

7 LACAN, J. (1957-1958) *O seminário, livro 5: as formações do inconsciente*. Versão brasileira de Vera Ribeiro e Marcus André Vieira. Rio de Janeiro: Jorge Zahar Editor, 1999.

8 FREUD, S. (1921) Psicologia de grupo e a análise do eu. In: *Edição Standard Brasileira das Obras Psicológicas Completas*

de *Sigmund Freud*, Tradução sob a direção de Jayme Salomão. Rio de Janeiro: Imago, 2006, vol. XVIII, p.80-154.

9 LACAN, J. (1971) *O seminário, livro 18: De um discurso que não fosse do semblante*. Versão brasileira de Nora Pessoa Gonçalves. Rio de Janeiro: Jorge Zahar Editor, 2009, p.28.

10 LACAN, J. (1967) Prefácio à edição inglesa do Seminário 11. In: LACAN, J. *Outros Escritos*, Rio de Janeiro: Jorge Zahar Editor, 2003, p.569.

11 A maioria dessas referências se encontra na tese de doutorado de Acyr Corrêa Leite Maya supracitado.

12 FREUD, S. (1920) A psicogênese de um caso de homossexualismo numa mulher. In: *Edição Standard Brasileira das Obras Psicológicas Completas de Sigmund Freud*, Tradução sob a direção de Jayme Salomão. Rio de Janeiro: Imago, 2006, vol. XVIII, p.185-216.

13 FREUD, S. (1914) Sobre o narcismo: uma introdução. In: *Edição Standard Brasileira das Obras Psicológicas Completas de Sigmund Freud*, Tradução sob a direção de Jayme Salomão. Rio de Janeiro: Imago, 2006, vol. XIV, p.83-119.

14 SEGAL, H. Hanna Segal interviewed by Jacqueline Rose. In: *Women: a cultural review*, v.1, nº2, junho/2008, p.212.

15 Cf. LEGUIL e FAJNWAKS (Org.), *Subersion Lacanienne des Théories du Genre*. (2015).

16 Cf. QUINET, A. e JORGE, M. A. C. (Orgs.) *As Homossexualidades na Psicanálise*. São Paulo: Segmento Farma, 2013.

17 LACAN, J. (1967) A psicanálise. Razão de um fracasso. In: LACAN, J. *Outros Escritos*, Rio de Janeiro: Jorge Zahar Editor, 2003, p.341.

18 LACAN, J. (1969/1970) *O seminário, livro 17: o avesso da psicanálise*. Versão brasileira de Ari Roitman. Rio de Janeiro: Jorge Zahar Editor, 1992.

19 "Deixar a esse Outro seu modo de gozo, eis o que só se poderia fazer não impondo o nosso", diz Lacan em *Televisão*.

## Novas presenças da sexualidade

1 FREUD, S. (1920) Além do princípio do prazer. In: *Edição Standard Brasileira das Obras Psicológicas Completas de Sigmund Freud*, Tradução sob a direção de Jayme Salomão. Rio de Janeiro: Imago, 2006, vol. XVIII, p.62.

2 QUINARD, P. (1994) *El sexo y el espanto*. Buenos Aires: El cuenco del Plata, 2005, p.14.

3 DAVIDSON, A. *La aparición de la sexualidad*. Barcelona: Alpha Decay, 2004.

4 *Ibid.*

5 BERSANI, L. *Homos*. Argentina: Manantial, 1998.

6 *Foucault y el fin del sexo*. Conferência proferida por Leo Bersani na Faculdade de Psicologia da Universidade de Buenos Aires em 2004.

7 BERSANI, L. *Homos*. Argentina: Manantial, 1998.

8 HALPERIN, D. Hay una historia de la sexualidad? In: STRAUSS, L., BUTLER, J. e outros *Grafías de Eros. Historia, género e identidades sexuales*. Buenos Aires: Edelp, 2000, p.21.

9 *Ibid., loc.cit.*

10 BUTLER, J. Imitación e insubordinación de género. In: STRAUSS, L., BUTLER, J. e outros *Grafías de Eros. Historia, género e identidades sexuales*. Buenos Aires: Edelp, 2000, p.92.



11 *Ibid., loc.cit.*

12 *Ibid., loc.cit.*

13 *Ibid., loc.cit.*

14 LACAN, J. (1973) Introdução à edição alemã de um primeiro volume dos *Escritos*. In: LACAN, J. *Outros Escritos*. Rio de Janeiro: Jorge Zahar Editor, 2003, p.554.

15 LACAN, J. (1972/1973) *O seminário, livro 20: mais, ainda*. Versão brasileira de M. D. Magno. Rio de Janeiro: Jorge Zahar Editor, 1985, p.20.

16 *Ibid.*, p.35.

17 LE GAUFEY, G. (2007) *O não-todo de Lacan: consistência lógica, consequências clínicas*. São Paulo: Scriptorium, 2015.

18 *Ibid.*

19 FREUD, S. (1905) Três ensaios sobre a teoria da sexualidade. In: *Edição Standard Brasileira das Obras Psicológicas Completas de Sigmund Freud*, Tradução sob a direção de Jayme Salomão. Rio de Janeiro: Imago, 2006, vol. VII, p.137.

20 LACAN, J. (1964) *O seminário, livro 11: os quatro conceitos fundamentais da psicanálise*. Versão brasileira de M. D. Magno. Rio de Janeiro: Jorge Zahar Editor, 1998, p.181.

21 LACAN, J. (1971) *O seminário, livro 18: De um discurso que não fosse do semblante*. Versão brasileira de Nora Pessoa Gonçalves. Rio de Janeiro: Jorge Zahar Editor, 2009, p.91.

22 LACAN, J. (1971/1972) *O seminário, livro 19: ...ou pior*. Versão brasileira de Marcus André Vieira. Rio de Janeiro: Zahar, 2012, p.31.

23 *Ibid.*, p.18.

24 *Ibid.*, p.16

25 LACAN, J. (1972/1973) *O seminário, livro 20: mais, ainda*. Versão brasileira de M.D.Magno. Rio de Janeiro: Jorge Zahar Editor, 1985, p.81-82.



26 BUTLER, J. Imitación e insubordinación de género. In: STRAUSS, L., BUTLER, J. e outros *Grafías de Eros. Historia, género e identidades sexuales*. Buenos Aires: Edelp, 2000, p.104.

27 LACAN, J. (1971/1972) *O seminário, livro 19: ...ou pior*. Versão brasileira de Marcus André Vieira. Rio de Janeiro: Zahar, 2012, p.40-41.

## *Trans*, entre sexo e gênero

1 CEVASCO, R. *La discordancia de los sexos. Perspectivas para un debate actual*. Barcelona: Ediciones S&P, 2010, p.53.

2 FREUD, S. (1905) Três ensaios sobre a teoria da sexualidade. In: *Edição Standard Brasileira das Obras Psicológicas Completas de Sigmund Freud*, Tradução sob a direção de Jayme Salomão. Rio de Janeiro: Imago, 2006, vol. VII, p.117-231.

3 Cf. CEVASCO, R. Ser-para-o-sexo e a partição dos sexos. In: *A peste: revista de psicanálise e sociedade e filosofia*, v.5, nº2, p.93-122, 2013.

4 FREUD, S. (1923) A organização genital infantil (uma interpolação na teoria da sexualidade). In: *Edição Standard Brasileira das Obras Psicológicas Completas de Sigmund Freud*, Tradução sob a direção de Jayme Salomão. Rio de Janeiro: Imago, 2006, vol. XIX, p.158.

5 FREUD, S. (1924) A dissolução do complexo de Édipo. In: *Edição Standard Brasileira das Obras Psicológicas Completas de Sigmund Freud*, Tradução sob a direção de Jayme Salomão. Rio de Janeiro: Imago, 2006, vol. XIX, p.191-199.

6 FREUD, S. (1925) Algumas consequências psíquicas da distinção anatômica entre os sexos. In: *Edição Standard Brasileira das Obras Psicológicas Completas de Sigmund Freud*, Tradução sob a direção de Jayme Salomão. Rio de Janeiro: Imago, 2006, vol. XIX, p.285.



7 LACAN. J. (1958) A significação do falo. In: LACAN, J. *Escritos*. Rio de Janeiro: Jorge Zahar Editor, 1998, p.701.

8 Cf. RABINOVICH, D. *A significação do falo: uma leitura*. Rio de Janeiro: Companhia de Freud, 2005.

9 LACAN. J. (1958) A significação do falo. In: LACAN, J. *Escritos*. Rio de Janeiro: Jorge Zahar Editor, 1998, p.693.

10 Cf. MILLOT, C. (1984) *Extrasexo: ensaio sobre o transexualismo*. São Paulo: Escuta, 1992 e GODOY, C. Psicosis y sexuación. In: *Ancla Revista*, nº1: Género o sexuación?, Universidad de Buenos Aires, 2007.

[11] LACAN, J. (1956) De uma questão preliminar a todo tratamento possível da psicose. In: LACAN, J. *Escritos*. Rio de Janeiro: Jorge Zahar Editor, 1998, p.582.

[12] LACAN, J. (1971) *O seminário, livro 18: de um discurso que não fosse do semblante*. Versão brasileira de Nora Pessoa Golçalves. Rio de Janeiro: Jorge Zahar Editor, 2009, p.30.

[13] MOREL, G. *Ambigüedades sexuales, sexuación y psicosis*, Buenos Aires, Manatial, 2000.

[14] LACAN, J. (1971-1972) *O seminário, livro 19: ...ou pior*. Versão brasileira de Marcus André Vieira. Rio de Janeiro: Zahar, p.17.

[15] CEVASCO, R. Ser-para-o-sexo e a partição dos sexos. In: *A peste: revista de psicanálise e sociedade e filosofia*, v.5, nº2, p.104, 2013.

[16] LACAN, J. (1946) Formulações sobre a causalidade psíquica. In: LACAN, J. *Escritos*. Rio de Janeiro: Jorge Zahar Editor, 1998, p.152-194.

[17] CEVASCO, R. Ser-para-o-sexo e a partição dos sexos. In: *A peste: revista de psicanálise e sociedade e filosofia*, v.5, nº2, p.111, 2013.

[18] LACAN, J. (1972) O aturdito. In: LACAN, J. *Outros Escritos*. Rio de Janeiro: Jorge Zahar Editor, 2003, p.480.

[19] LACAN, J. (1973-1974) *Le Séminaire, livre 21: Les non-dupes errent*. Inédito. Lição de 09/04/1974.



## Dois

[1] LACAN, J. (1973-1974) *Le Séminaire, livre 21: Les non-dupes errent*. Inédito. Lição de 12/02/1974.

[2] LACAN, J. (1971/1972) *O seminário, livro 19: ...ou pior*. Versão brasileira de Marcus André Vieira. Rio de Janeiro: Zahar, 2012.

[3] LACAN, J. (1973-1974) *Le Séminaire, livre 21: Les non-dupes errent*. Inédito. Lição de 12/02/1974.

[4] LACAN, J. (1971/1972) *O seminário, livro 19: ...ou pior*. Versão brasileira de Marcus André Vieira. Rio de Janeiro: Zahar, 2012, p.149.

[5] HOFSTADTER, D. *Gödel, Escher, Bach: an eternal golden braid*. Estados Unidos: Basic Books, 1999.

[6] LACAN, J. (1973-1974) *Le Séminaire, livre 21: Les non-dupes errent*. Inédito.

[7] LACAN, J. (1961-1962) *A identificação: seminário 1961-1962*. Recife: Centro de Estudos Freudianos do Recife, 2003.

[8] Platão, s/d, 127e
As referências ao *Parmênides* de Platão se referem às páginas originais em grego. As passagens aqui livremente traduzidas se baseiam na tradução francesa de Victor Cousin.
Disponível em http://remacle.org/bloodwolf/philosophes/platon/cousin/parmenide.htm#11a

[9] BADIOU, A. *Lacan avec les philosophes*. Paris: Seuil, 1990.

[10] PERNOT, P. et al. (s/d). Du sujet de l'inconscient au parlêtre. Disponível em http://www.causefreudienne.net/du-sujet-de--linconscient-au-parletre/. Acesso em: 4 de maio de 2017.

[11] MOULINIER, D. (2010). *Philosophie et Psychanalyse*. Disponível em http://philosophie-et-psychanalyse.blogspot.com.br/. Acesso em: 24 de maio de 2017.



[12] LACAN, J. (1972) O aturdito. In: LACAN, J. *Outros Escritos*. Rio de Janeiro: Jorge Zahar Editor, 2003, p.467.

[13] FREUD, S. (1912) Totem e tabu. In: *Edição Standard Brasileira das Obras Psicológicas Completas de Sigmund Freud*, Tradução sob a direção de Jayme Salomão. Rio de Janeiro: Imago, 2006, vol. XIII, p.11-164.

[14] LACAN, J. (1972) O aturdito. In: LACAN, J. *Outros Escritos*. Rio de Janeiro: Jorge Zahar Editor, 2003, p.457.

[15] Caso discutido no trabalho intitulado "A Clínica com adolescentes no hospital: a contramão das taxionomias", de Heloene Ferreira da Silva e Sonia Alberti, apresentado durante

o VI Congresso Internacional de Psicopatologia Fundamental e XII Congresso Brasileiro de Psicopatologia Fundamental, de 4 a 7 de setembro de 2014, em Belo Horizonte/MG. Bruno foi acompanhado por Heloene durante sua Residência em Psicologia Clínica Institucional no Núcleo de Estudos do Adolescente da Universidade do Estado do Rio de Janeiro, sob minha supervisão.

16 Todas as palavras entre aspas nesse item são ditos do adolescente, aqui transcritos.

17 FREUD, S. (1905) Três ensaios sobre a teoria da sexualidade. In: *Edição Standard Brasileira das Obras Psicológicas Completas de Sigmund Freud*, Tradução sob a direção de Jayme Salomão. Rio de Janeiro: Imago, 2006, vol. VII, p.117-231.

18 ALBERTI, S. *O adolescente e o Outro*. Rio de Janeiro: Jorge Zahar, 2004, p.10.

19 "O homemsexual pode ser heterossexual se ele ama as mulheres, o que, em francês quer dizer: se as aprecia, como quando se diz 'aprecio o virado de carneiro' (ele é muito saboroso)".
Citação de uma frase de Gabriel Lombardi no referido debate.

20 *Grand Theft Auto* (GTA) é uma série de jogos de computador e videogame. Os jogos da série são em mundo aberto e o personagem com que se joga (um criminoso, protagonista de um enredo repleto de atividades ilegais, como violência, tráfico de drogas, assassinato, prostituição etc.) pode cumprir missões para o progresso da história, bem como participar de ações não lineares, todas consistindo de ação, aventura, condução, RPG, corridas entre outros.
Cf. http://pt.wikipedia.org/wiki/Grand_Theft_Auto.

21 FREUD, S. (1927) Fetichismo. In: *Edição Standard Brasileira das Obras Psicológicas Completas de Sigmund Freud*, Tradução sob a direção de Jayme Salomão. Rio de Janeiro: Imago, 2006, vol. XXI, p.150-160.

22 FREUD, S. (1922) A cabeça da Medusa. In: *Edição Standard Brasileira das Obras Psicológicas Completas de Sigmund*

*Freud*, Tradução sob a direção de Jayme Salomão. Rio de Janeiro: Imago, 2006, vol. XVIII, p.289-290.

Homero descreve a Atena Guerreira armada da seguinte maneira: vestindo uma armadura, portando uma lança e um escudo. Conforme o artista que tenha interpretado o texto de Homero, a cabeça da Medusa é representada ou no escudo ou sobre seu peito, na armadura.

Cf. FREUD, 1922 ou PIERER, H.A. (1861) Encyclopaedisches Woerterbuch der Wissenschaften, Künste und Gewerbe. Altenburg, Pierer Verlag. Volume 13, p.654.
Disponível em: http://www.zeno.org/Pierer-1857/L/Faksimiles. Acesso em 24 de abril de 2017.

23 FREUD, S. (1922) A cabeça da Medusa. In: *Edição Standard Brasileira das Obras Psicológicas Completas de Sigmund Freud*, Tradução sob a direção de Jayme Salomão. Rio de Janeiro: Imago, 2006, vol. XVIII, p.289.

24 LACAN, J. (1971/1972) *O seminário, livro 19: ...ou pior*. Versão brasileira de Marcus André Vieira. Rio de Janeiro: Zahar, 2012. LACAN, J. (1971-1972) *Estou falando com as paredes*. Rio de Janeiro: Zahar, 2011.

25 LACAN, J. (1971-1972) *O seminário, livro 19: ...ou pior*. Versão brasileira de Marcus André Vieira. Rio de Janeiro: Zahar, 2012, p.59.

26 LACAN, J. (1972-1973) *O seminário, livro 20: mais, ainda*. Versão brasileira de M. D. Magno. Rio de Janeiro: Jorge Zahar Editor, 1985, p.16.



27 *Ibid., loc.cit.*

28 LACAN, J. (1971-1972) *O seminário, livro 19: ...ou pior*. Versão brasileira de Marcus André Vieira. Rio de Janeiro: Zahar, 2012, p.107.

29 Teorema 1: "Qualquer teoria axiomática recursivamente enumerável e capaz de expressar algumas verdades básicas de aritmética não pode ser, ao mesmo tempo, completa e consistente. Ou seja, sempre há em uma teoria consistente proposições verdadeiras que não podem ser demonstradas nem negadas".

Teorema 2: "Uma teoria, recursivamente enumerável e capaz de expressar verdades básicas da aritmética e alguns enunciados da teoria da prova, pode provar sua própria consistência se, e somente se, for inconsistente".

30 LACAN, J. (1971-1972) *O seminário, livro 19: ...ou pior*. Versão brasileira de Marcus André Vieira. Rio de Janeiro: Zahar, 2012, p.200.

31 *Ibid.*, p.107.

32 FREUD, S. (1910) Leonardo da Vinci e uma lembrança de sua infância. In: *Edição Standard Brasileira das Obras Psicológicas Completas de Sigmund Freud*, Tradução sob a direção de Jayme Salomão. Rio de Janeiro: Imago, 2006, vol. XI, p.67-141.

33 KRAFFT-EBING, R. (1886) *Psicopatia sexualis*. Stuttgart: Ferdinand Enke Verlag.

34 LACAN, J. (1971-1972) *O seminário, livro 19: ...ou pior*. Versão brasileira de Marcus André Vieira. Rio de Janeiro: Zahar, 2012, p.103.

## Semblante, gozo e fantasia: por uma transleitura da sexuação

1 DUNKER, C.I.L. *Por que Lacan?* São Paulo: Zagodoni, 2016.

2 FREUD, S. (1912) Totem e tabu. In: *Edição Standard Brasileira das Obras Psicológicas Completas de Sigmund Freud*, Tradução sob a direção de Jayme Salomão. Rio de Janeiro: Imago, 2006, vol. XIII, p.11-164.



3 COSSI, R. *Lacan e o feminismo*. São Paulo, 2016, Tese (Doutorado) - Instituto de Psicologia da Universidade de São Paulo, 2016.

4 JESUS, J.G. *Orientações sobre Identidade de Gênero: conceitos e termos*. Brasília: EDA, 2012.

5 LACAN, J. (1972/1973) *O Seminário, livro 20: mais, ainda*. Versão brasileira de M. D. Magno. Rio de Janeiro: Jorge Zahar Editor, 1998, p.102.

6 FREUD, S. (1920) A psicogênese de um caso de homossexualismo numa mulher. In: *Edição Standard Brasileira das Obras Psicológicas Completas de Sigmund Freud*. Rio de Janeiro: Imago, 2006, vol. XVIII, p.185-216.

7 CASSOU-NOGUÈS, P. *De l'expérience mathématique : essai sur la philosophie des sciences de Jean Cavaillès*, Paris: Vrin, 2001.

8 STOLLER, R. *Sex and Gender: On the Development of Masculinity and Femininity*, New York: Science House, 1968.

9 BONAPARTE, M. (1934) Passivity, masochism and femininity. In: STROUSE, J. *Women and analysis: Dialogues on psychoanalytic views of femininity*, New York: Laurel, 1975, p.72.

10 LACAN, J. (1967-1968) *O seminário, livro 17: o avesso da psicanálise*. Rio de Janeiro: Jorge Zahar Editor, 1988.

11 LACAN, J. (1971-1972) *O seminário, livro 19: ... ou pior*. Rio de Janeiro: Zahar, 2012, p.95.

12 LACAN, J. (1957) A instância da letra no inconsciente ou a razão desde Freud. In: LACAN, J. *Escritos*. Rio de Janeiro: Jorge Zahar Editor, 1988.

13 SOLER, C. *O que Lacan dizia das mulheres?* Rio de Janeiro: Jorge Zahar, 2001.

14 LE GAUFEY, G. (2007) *O não-todo de Lacan: consistência lógica, consequências clínicas*. São Paulo: Scriptorium, 2015.



15 FIRENZ, C. *Lecture de L´Etourdit*. Paris: Hamartian, 2002.

16 (1) Traços Verticais
(2) Ausência de Traços
(3) Traços Verticais + Traços Horizontais
(4) Traços Horizontais

Para esse conjunto, pergunta-se a verificação da ocorrência de traços verticais. O resultado é que ela é verdadeira para os casos (1) e (3) e falsa para os casos (2) e (4). Ocorre que o caso (2) é anômalo porque permite escrever (F) para a proposição "presença de traços verticais em (2)", quando se trata de um caso não binário (vertical ou horizontal), mas de uma oposição presumida (traço ou inexistência de traço).

17 "O discurso natural pressupõe geralmente que se algum F é G que fica excluído que todos os F são G. Coisa que em lógica interpreta o ∃ como se expressara *ao menos um, o que não exclui em absoluto todos*".

18 BLANCHÉ, R. (1966) *As estruturas intelectuais: ensaio sobre a organização sistemática dos conceitos*. São Paulo: Perspectiva, 2012.

19 BRUNSWIG, L. (1969) *A proposição particular e as provas não conclusivas em Aristóteles*.

20 DAVID-MÉNARD, M. *A loucura na razão pura: Kant, leitor de Swedenborg*. Rio de Janeiro: Editora 34, 1996.

21 "(...) o gozo do Outro, do corpo do Outro, só se promove pela infinitude. Vou dizer qual – aquela, nem mais nem menos, que dá suporte ao paradoxo de Zenão". In LACAN, J. (1972-1973) *O Seminário, livro 20: mais, ainda*. Versão brasileira de M. D. Magno. Rio de Janeiro: Jorge Zahar Editor, 1998, p.16.

22 MONCAYO, R. & ROMANOWICZ, M. *The Real Jouissance of Uncountable Numbers: The Philosophy of Science within Lacanian Psychoanalysis*. London: Karnac, 2015.

23 COPJEC, J. (2002) *Imaginemos que la mujer no existe*. Buenos Aires: Fondo de Cultura Econômico, 2006, p. 16.

24 LE GAUFEY, G. (2007) *O não-todo de Lacan: consistência lógica, consequências clínicas*. São Paulo: Scriptorium, 2015.

25 LACAN, J. (1971-1972) *O seminário, livro 19: ... ou pior*. Rio de Janeiro: Zahar, 2012, p.108.

26 PICHON, E. & DAMOURETTE, J. (1936/1956) *Essai de grammaire de la langue française: des mots à la pensée*. Paris: Dartrey.

27 LACAN, J. (1973) O Aturdito. In: LACAN, J. *Outros Escritos*. Rio de Janeiro: Jorge Zahar, 2002, p.455.

28 *Ibid.*, p.458.

[29] *Ibid.*, p.466.

[30] MOREL, G. Feminine conditions of jouissance. In: BARNARD & FINK, *Reading Seminar XX*. New York: Sunny, p.77-92.

[31] LACAN, J. (1972/1973) O *Seminário, livro 20: mais, ainda*. Versão brasileira de M. D. Magno. Rio de Janeiro: Jorge Zahar Editor, 1998, p.12.

[32] *Ibid.*, p.108.

[33] *Ibid.*, p.197.

[34] RAGLAND, E. *The Logic of sexuation: from Lacan to Aristotle*. New York: Sunny, 2004, p.181.

[35] BRANQUINHO, J.; MURCHO, D. & GOMES, N.G. *Enciclopédia de Termos Lógico-Filosóficos*. São Paulo: Martins Fontes, 2006, p.208-209.

## Nem um (objeto) *a* menos

[1] O autor faz um jogo de palavras, homofônico em espanhol, com o coletivo *Ni Una Menos* (#Niunamenos), movimento que surgiu na Argentina, em 3 de junho de 2015, como forma de protesto contra o feminicídio e a violência de gênero. Esse movimento se estendeu a outros países da região e do mundo. No momento de sua criação, ocorria, na Argentina, um feminicídio a cada 30 horas.



[2] FREUD, S. (1920) Além do princípio de prazer. In: *Edição Standard Brasileira das Obras Psicológicas Completas de Sigmund Freud*, Tradução sob a direção de Jayme Salomão. Rio de Janeiro: Imago, 2006, vol. XVIII, p.12-75.

[3] LACAN, J. (1972/1973) O *seminário, livro 20: mais, ainda*. Versão brasileira de M.D.Magno. Rio de Janeiro: Jorge Zahar Editor, 1985.

[4] FREUD, S. (1921) Psicologia de grupo e a análise do eu. In: *Edição Standard Brasileira das Obras Psicológicas Completas de Sigmund Freud*, Tradução sob a direção de Jayme Salomão. Rio de Janeiro: Imago, 2006, vol. XVIII, p.80-154.

5 Sem dúvida, os tempo mudaram. Antes, essa fórmula fazia referência à servidão voluntária que, na conjura entre os amantes, se assumia, a pedido do objeto amado, a iniciativa de exterminar o terceiro que ameaçava a relação. Agora, o extermínio voltou-se contra o objeto de amor.

6 Digo que somente é solidária à posição masculina porque é a única que se pode medir com o universal a que aspira a máxima kantiana. A partir da posição feminina, com a lógica do não-todo, se objeta precisamente esse universal. Por isso, o texto freudiano *Sobre a degradação da vida amorosa* (1912) que, já no título faz referência a um para-todos, pode ser pensado a partir de uma lógica imanente à posição feminina. Não obstante, na posição feminina, há outra face que Freud não analisou nesse texto e que merecia uma reflexão quando se trata de pensar o feminicídio: o estrago que um homem pode ser para uma mulher, solidário a uma modalidade de gozo sem limite, do extravio, da loucura e, inclusive, da morte.

7 LACAN, J. (1964) *O seminário, livro 11: os quatro conceitos fundamentais da psicanálise*. Versão brasileira de M.D.Magno, Rio de Janeiro: Jorge Zahar, 1998.

8 LACAN, J. (1959-1960) *O seminário, livro 7: a ética da psicanálise*. Versão brasileira de Antônio Quinet. Rio de Janeiro: Jorge Zahar Editor, 1988.

9 LACAN, J. (1964) *O seminário, livro 11: os quatro conceitos fundamentais da psicanálise*. Versão brasileira de M. D. Magno, Rio de Janeiro: Jorge Zahar, 1998, p.260.



10 LACAN, J. (1963) Kant com Sade. In: *Escritos*, Rio de Janeiro: Jorge Zahar Editor, 1998, p.776-803.

11 LACAN, J. (1964) *O seminário, livro 11: os quatro conceitos fundamentais da psicanálise*. Versão brasileira de M. D. Magno, Rio de Janeiro: Jorge Zahar, 1998, p.249.

## Os seres sexuados se autorizam por si mesmos

1 LACAN, J. (1958) A significação do Falo. In: LACAN, J. *Escritos*. Rio de Janeiro: Jorge Zahar Ed. 1998, p.699.

2 SOLER, C. (2015-2016) Seminário *L´avènements du réel, de l´angoisse au symptôme*. College clinique de Paris. Éditions du Champ Lacanien, outubro de 2016, p.32.

3 LACAN, J. (1971-1972) *O seminário, livro 19: ...ou pior*. Versão brasileira de Marcus André Vieira. Rio de Janeiro: Zahar, 2012.

4 LACAN, J. (1958-1959) *O seminário, livro 6: o desejo e sua interpretação*. Versão brasileira de Angelina Harari e Marcus André Vieira. Rio de Janeiro: Zahar, 2016.

5 LACAN. J. (1959-1960) *O seminário, livro 7: a ética da psicanálise*. Versão brasileira de Antônio Quinet. Rio de Janeiro: Jorge Zahar Editor, 1988.

6 LACAN, J. (1962-1963) *O seminário, livro 10: a angústia*. Versão brasileira de Angelina Harari. Rio de Janeiro: Jorge Zahar Editor, 2005.

7 *Ibid.*, p.122.

8 LACAN, J. (1972) O aturdito. In: LACAN, J. *Outros Escritos*. Rio de Janeiro: Jorge Zahar, 2003, p.448-500.

9 LACAN, J. (1971-1972) *O seminário, livro 19: ...ou pior*. Versão brasileira de Marcus André Vieira. Rio de Janeiro: Zahar, 2012, p.79.

10 *LACAN, J.* (1972-1973) *O seminário, livro 20: mais, ainda*. Versão brasileira de M. D. Magno, Rio de Janeiro: Jorge Zahar Editor, 1985.



11 LACAN, J. (1945) O tempo lógico e a asserção da certeza antecipada. In: LACAN, J. *Escritos*. Rio de Janeiro: Jorge Zahar Editor, 1998, p.197-213.

12 LACAN, J. (1972-1973) *O seminário, livro 20: mais, ainda*. Versão brasileira de M. D. Magno, Rio de Janeiro: Jorge Zahar Editor, 1985, p.67.

13 *Ibid.*, p.69.

14 LACAN, J. (1972) O aturdito. In: LACAN, J. *Outros Escritos*. Rio de Janeiro: Jorge Zahar, 2003, p.457.

15 LACAN, J. (1972-1973) *O seminário, livro 20: mais, ainda*.

Versão brasileira de M. D. Magno, Rio de Janeiro: Jorge Zahar Editor, 1985, p.105.

16 LE GAUFEY, G. (2007) O *não-todo de Lacan: consistência lógica, consequências clínicas*. São Paulo: Scriptorium, 2015.

17 BRUSNCHWIG, J. La proposition particulière et les preuves de non-concluance chez Aristote. In: *Cahier pour l´ analyse, n°10*, Paris: Seuil, 1969, p.3-26.

18 LE GAUFEY, G. (2007) O *não-todo de Lacan: consistência lógica, consequências clínicas*. São Paulo: Scriptorium, 2015, p.109.

19 LACAN, J. (1973-1974) *Le Séminaire, livre 21: Les non dupes errent*. Edição Staferla.

20 LACAN, J. (1973-1974) Le *Séminaire, livre 21: Les non dupes errent*. Edição Staferla. Lição de 9 de abril de 1974.

21 *Ibid.*

22 *Ibid.*

23 LACAN, J. (1974) A terceira. In: *Opção lacaniana*, n°62, p.11-35, dez. 2011.

## O gênero da psicanálise

1 FREUD, S. (1929) O mal estar na civilização. In: *Edição Standard Brasileira das Obras Psicológicas Completas de Sigmund Freud*, Tradução sob a direção de Jayme Salomão. Rio de Janeiro: Imago, 2006, vol. XXI, p.66-148.



2 FOUCAULT, M. (1976) *História da sexualidade – Vontade de saber*. São Paulo: Paz e Terra, 2014.

3 BUTLER, J. *Problemas de gênero: feminismo e subversão da realidade*. Rio de Janeiro: Civilização Brasileira, 2003, p.21.

4 *Ibid.*, p.33-34.

5 LACAN, J. (1971) *O seminário, livro 18: de um discurso que não fosse do semblante*. Versão brasileira de Nora Pessoa Gonçalves. Rio de Janeiro: Jorge Zahar Editor, 2009.

[6] http://asinomevasacoger.com/
Site, cujo nome significa "Assim você não vai me comer, idiota", em que são compiladas tentativas frustradas de seduzir uma mulher.

[7] LACAN, J. (1956-1957) *O seminário, livro 4: a relação de objeto*. Versão brasileira de Dulce Duque Estrada e Angelina Harari. Rio de Janeiro: Jorge Zahar Editor, 1995.

[8] LACAN, J. (1967) Alocuções sobre as psicoses da criança. In: *Outros Escritos*, Rio de Janeiro: Jorge Zahar Editor, 2003, p.359-368.

## Sobre os autores

**Antonio Quinet**

Psicanalista, doutor em filosofia e dramaturgo, membro da Escola de Psicanálise dos Fóruns do Campo Lacaniano. Professor do Mestrado de Psicanálise na Universidade Veiga de Almeida e diretor da Cia. Inconsciente em Cena (Rio de Janeiro).
Email: quinet@openlink.com.br

**Christian Dunker**

Psicanalista, professor Titular do Instituto de Psicologia da USP (2014) junto ao Departamento de Psicologia Clínica. Obteve o título de Livre Docente em Psicologia Clínica (2006) após realizar seu Pós-Doutorado na Manchester Metropolitan University (2003). Possui graduação em Psicologia (1989), mestrado em Psicologia Experimental (1991) e doutorado em Psicologia Experimental (1996) pela Universidade de São Paulo. Atualmente é Analista Membro de Escola (AME) do Fórum do Campo Lacaniano. Tem experiência na área clínica com ênfase em Psicanálise (Freud e Lacan), atuando principalmente nos seguintes temas: estrutura e epistemologia da prática clínica, teoria da constituição do sujeito, metapsicologia, filosofia da psicanálise e ciências da linguagem. Coordena, ao lado de Vladimir Safatle e Nelson da Silva Jr,. o Laboratório de Teoria Social, Filosofia e Psicanálise da USP. Em 2012, ganhou o prêmio Jabuti de melhor livro em Psicologia e Psicanálise com a obra *Estrutura e Constituição da Clínica Psicanalítica* (Annablume, 2011). Em 2016, ganhou o segundo lugar no Prêmio Jabuti em Psicologia, Psicanálise

e Comportamento com o livro *Mal-Estar, Sofrimento e Sintoma* (Boitempo, 2015). Publicou ainda *Por que Lacan?* (Zagodoni, 2016), *A Psicose na Criança* (Zagodoni, 2014) e *O Cálculo Neurótico do Gozo* (Escuta, 2002).
Email: chrisdunker@usp.br

**Gabriel Lombardi**
Psicanalista, Analista Membro da Escola de Psicanálise dos Fóruns do Campo Lacaniano (AME), diretor do Colégio Clínico do Foro Analítico del Río de la Plata (FARP). Doutor em Psicologia e Professor titular da Disciplina de Clínica de Adultos da Faculdade de Psicologia da Universidade de Buenos Aires (UBA). Autor de diversos livros, dentre eles: *La libertad en psicoanálisis* (Paidós), *Clínica y lógica de la autoreferrencia* (Letra Viva) e *A resistência como máscara do desejo* (Agente Publicações).
Email: gabrielombardi@gmail.com

**Luciano Lutereau**
Psicanalista, doutor em Filosofia e doutor em Psicologia pela Universidade de Buenos Aires (UBA), onde trabalha como pesquisador e docente. Coordena a licenciatura em Filosofia na Universidade de Ciências Empresariais e Sociais (UCES). Autor de vários livros, entre eles *La experiencia analítica. De la técnica a la ética* (Buenos Aires, Letra Viva, 2017).
Email: llutereau@googlemail.com

**Mariano Daquino**
Psicólogo, psicanalista, membro do Foro Analítico del Río de la Plata (FARP) e da Escola de Psicanálise dos Fóruns do Campo Lacaniano (EPFCL). Coordenador adjunto do

FARP (2017- 2018). Ensinante do Colegio Clínico del Río de la Plata. Docente da matéria "Novas presenças da sexualidade: o debate sobre a construção da diferença dos sexos" da Faculdade de Psicologia da Universidade de Buenos Aires (UBA).
Email: marianodaq@hotmail.com

**Mirta La Tessa**
Psicanalista, membro do Fóruns e da Escola de Psicanálise dos Fóruns do Campo Lacaniano. Foi supervisora externa do Hospital Psicoassistencial Borda durante 14 anos. Professora adjunta da Clínica de Adultos 1 da Faculdade de Psicologia da Universidade de Buenos Aires (UBA). Professora titular da matéria "Novas presenças da sexualidade: o debate sobre a construção da diferença dos sexos" e docente do Mestrado em Psicanálise na mesma universidade. Pesquisadora da Secretaria de Ciência e Tecnologia também na UBA. Diretora da pesquisa UBACYT: A perversão hoje: uma pergunta pelo sintoma.
Email: mirtalatessa@gmail.com

**Sandra Leticia Berta**
Psicanalista, Analista Membro da Escola de Psicanálise dos Fóruns do Campo Lacaniano – São Paulo, Brasil. Mestre e doutora em Psicologia Clínica pela Universidade de São Paulo, Brasil. Coordenadora, no Fórum do Campo Lacaniano de São Paulo, da Rede Clínica sobre as Psicoses desde 2005. Membro do Secretariado Local da Garantia da EPFCL (2012-2014), membro do Colegiado Internacional de Representantes da Internacional dos Fóruns, IF-EPFCL (2014-2016), membro do Colegiado Internacional da Garantia da EPFCL (2016-2018). Super-

visora do projeto Margens Clínicas e do projeto Clínica do Testemunho. Autora do livro *Escrever o trauma, de Freud a Lacan*, publicado em Buenos pela Editora Letra Viva (2014) e, em São Paulo, pela Editora Annablume (2015). Email: bertas@uol.com.br

**Sonia Alberti**
Professora Associada e Procientista da Universidade do Estado do Rio de Janeiro (UERJ), Pesquisadora do CNPq. Psicanalista Membro da Escola de Psicanálise dos Fóruns do Campo Lacaniano. Membro do Colegiado do Programa de Pós-graduação em Psicanálise da UERJ, da Residência em Psicologia Clínica Institucional, atuando no Núcleo de Estudos da Saúde do Adolescente no Hospital Universitário Pedro Ernesto, e do Mestrado Profissional em Clínica e Política em Psicanálise. Membro fundador do GT Psicanálise, política e clínica, da Associação Nacional de Pós-graduação e Pesquisa em Psicologia (ANPEPP). Autora de *Esse sujeito adolescente, O adolescente* e o *Outro* e *Crepúsculo da alma*. Organizadora de vários livros e autora de diversos artigos.
Email: sonialberti@gmail.com



**Tomás Otero**
Psicanalista. Membro do Foro Analítico del Río de la Plata. Professor e pesquisador da Faculdade de Psicologia da Universidade de Buenos Aires (UBA). Autor do livro *Tres ensayos sobre la perversión* (Letra Viva, 2013) e de numerosas publicações nos âmbitos científico e de interesse cultural.
Email: tomasotero04@yahoo.com.ar